Vorsorge selbstbestimmt

Verfügungen
Vollmachten
Testament

VERBRAUCHER ZENTRALE

Herausgeber

Verbraucher-Zentrale Nordrhein-Westfalen e. V.
Mintropstraße 27, 40215 Düsseldorf
Telefon 01 80/5 00 14 33 (0,12 €/min),
Telefax 02 11/38 09-2 35
E-Mail: publikationen@vz-nrw.de

Verbraucherzentrale Baden-Württemberg e. V.
Paulinenstraße 47, 70178 Stuttgart
Telefon 07 11/66 91-10, Telefax 07 11/66 91-50
E-Mail: verbraucherzentrale@bawue.de

Verbraucher-Zentrale Hessen e. V.
Große Friedberger Straße 13-17, 60313 Frankfurt
Telefon 0 69/97 20 10-0, Telefax 0 69/97 20 10-50
E-Mail:vzh@verbraucher.de

Verbraucher-Zentrale Niedersachsen e. V.
Herrenstraße 14; 30159 Hannover
Telefon 05 11/9 11 96-0, Telefax 05 11/9 11 96-10
E-Mail: info@vzniedersachsen.de

Verbraucherzentrale Bundesverband e. V. (vzbv)
Markgrafenstraße 66, 10969 Berlin
Telefon: 0 30/2 58 00-0, Telefax 0 30/2 58 00-2 18
E-Mail: info@vzbv.de

Text:	Heike Nordmann, Kapitel 1+2; Dr. Otto N. Bretzinger, Kapitel 3; Prof. Dr. Karl-Dieter Pardey, Kapitel 4
Lektorat:	Dr. Hannah Friege
Druck:	Koelblin-Fortuna-Druck GmbH & Co. KG

1. Auflage, Juli 2003, 15.000 Exemplare
ISBN 3-933705-77-0, Printed in Germany

Inhaltsverzeichnis

Vorwort

Liebe Leserin, lieber Leser,

Themen wie „Kinder" oder „Tiere" waren für Journalisten schon immer „Selbstläufer", nicht nur im Boulevard-Ressort. Berichte, Stories, Reportagen über den Hund der Grimaldis in Monaco oder das erwartete zweite Kind von Steffi machen Auflage. Wen wundert's, dass Verleger von solchen Themen in ihren Blättern nicht genug kriegen können!

Für alle, die sich das Informieren, Tipp- oder Ratgeben auf die Fahne geschrieben haben, sind dagegen Themen, die sich mit dem Erben und Vererben beschäftigen, wahre Bestseller. Was für die Printmedien die hohe Auflage, ist für die Rundfunk- und Fernsehmacher – wie man weiß – die hohe Quote.

Doch auch Vorsorgethemen, die sich mit Krankheit und Tod beschäftigen, bewegt Radiohörer oder Fernsehzuschauer, sich bei vielen Sendern in die erste Reihe zu setzen. Tendenz steigend. Das überrascht selbst alte Redaktionshasen. Galt doch bislang die Journalistenregel, dass die Leser/Zuschauer grundsätzlich dazu neigen, bei Themen wie Tod, Krankheit oder Pflege den Kopf in den Sand zu stecken. Da hat sich ganz offensichtlich etwas im Bewusstsein der Menschen geändert: Vorsorge ist ganz offensichtlich IN oder – wie das die Kids formulieren – „richtig angesagt". Wie sonst ließe sich erklären, dass allein die letzte Sendung eines Fernsehmagazins, das sich mit allen möglichen Rechtsfragen des täglichen

Lebens beschäftigt, innerhalb von nur drei Tagen mehr als eine halbe Million Menschen dazu bringen konnte, auf deren Seiten im Internet das Thema Vorsorgevollmacht anzuklicken. Das Thema war ein Renner.

So traf es sich gut, dass die Verbraucherzentralen, unabhängig von den Fachredaktionen bei den Sendern, das Buch, welches Sie in den Händen halten, vor Monaten geplant haben. Die Nachfrage nach den „Vorsorgethemen" hat den Verbraucherzentralen einmal mehr Dampf gemacht. In Rekordzeit wurde dieses Buch fertig gestellt. Das heißt, es wurde in wenigen Monaten geschrieben, lektoriert, bekam sein Layout verpasst und wurde schließlich auch noch gedruckt.

Doch, wer fürchtet, hier hätte das Produktionsteam einen Schnellschuss gewagt, mag beruhigt weiter lesen. Sie dürfen davon ausgehen, dass die Autoren allesamt alte Hasen, sprich besonders ausgewiesene Experten sind. Sie haben sich in der Vergangenheit sowohl für die Wirtschafts-/Ratgeber-Redaktionen bei den Printmedien, bei den Sendern und auch bei den Verbraucherzentralen vielfach nachhaltig und mit großem Erfolg mit den hier angesprochenen Themen beschäftigt. Es handelt sich also um Autoren vom Fach.

Dass Ihnen dieser Ratgeber der Verbraucherzentralen helfen wird, Ihre Angelegenheiten bei der Daseinsvorsorge selbstbestimmt zu ordnen, damit Sie nicht befürchten müssen, dass andere gegen Ihren Willen über Sie bestimmen, darin sind wir uns sicher.

Ihr
Produktionsteam

Vorsorge treffen – wofür und wie?

Haben Sie sich schon einmal Gedanken darüber gemacht, wer sich um Ihre persönlichen Angelegenheiten kümmert, wenn Sie dies nach einem Unfall oder durch eine Krankheit nicht mehr selbst regeln können? Manche denken, dies sei nicht notwendig, weil natürlich der Ehepartner, die Kinder oder andere Angehörige für sie sorgen. Andere wiederum befürchten vielleicht die „Entmündigung", bei der eine völlig fremde Person nach Gutdünken an ihrer Stelle entscheidet.

Beides ist nicht richtig. Denn auch Kinder oder Ehegatten dürfen nicht einfach an Ihrer Stelle handeln. Vielmehr müssen Sie davon ausgehen, dass Sie für jede Unterschrift, die Sie selbst nicht leisten können, einen gesetzlichen Vertreter benötigen. Dies können natürlich Angehörige sein, aber sie müssen dazu von Ihnen bevollmächtigt werden. Ist keine Vollmacht vorhanden und steht aktuell eine Entscheidung an, muss vom Amtsgericht eine gesetzliche Betreuung eingerichtet werden. Dies entspricht allerdings nicht der früher üblichen Entmündigung. Das Amtsgericht ist gehalten, die Person des Betreuers zunächst in Ihrem persönlichen Umfeld zu suchen. Und sowohl ein Betreuer als auch das Gericht sollen im Sinne des Betroffenen entscheiden, soweit dies zu dessen Wohl geschieht.

Rechtzeitig mit Verfügungen und Vollmachten vorsorgen

Wenn Sie wollen, dass Ihre Wünsche berücksichtigt werden, sollten Sie diese und auch Ihre Vollmachten und Verfügungen rechtzeitig formulieren. Denn zumindest bei den Vollmachten und beim Testament müssen Sie nicht nur körperlich in der Lage sein, das Schriftstück wenigstens zu unterschreiben, sondern auch geschäftsfähig sein. Sonst kann deren Gültigkeit später angezweifelt werden. Deshalb sollten Sie bereits in gesunden Tagen festlegen, wie Sie sich die Regelung Ihrer persönlichen Angelegenheiten sowohl zu Lebzeiten als auch nach dem Tod vorstellen. Daran sollten übrigens nicht nur Menschen im höheren Alter denken: Unfälle und schwere Krankheiten können jeden treffen und nicht nur die Generation jenseits der 60 oder 70.

Vorsorge treffen für Lebzeiten und nach dem Tod

In diesem Buch können Sie sich über Vorsorgemöglichkeiten sowohl zu Ihren Lebzeiten als auch nach dem Tod informieren. Vorsorge zu Lebzeiten (siehe *Kapitel 2*) bieten die Vorsorgevollmacht, die Patientenverfügung und die Betreuungsverfügung. Für den Todesfall können Sie mit dem Testament oder einem Erbvertrag vorsorgen (siehe *Kapitel 3*). In *Kapitel 4* dieses Ratgebers finden Sie Informationen zur gesetzlichen Betreuung, die dann greift, wenn die vorsorgenden Verfügungen nicht ausreichen bzw. nicht vorhanden sind, und Dinge zu Lebzeiten anstehen, die der Betroffene nicht mehr selbst entscheiden kann.

Die zuvor genannten Instrumente der Vorsorge und die gesetzliche Betreuung greifen für eine Vielzahl von Lebensbereichen.

Finanzen, Vermögen, Versicherungen, Behörden

Im Alltag tätigen Sie täglich zahlreiche Geschäfte, nicht nur beim Einkaufen im Einzelhandel, sondern – zumindest juristisch – auch fast immer dann, wenn Sie ein Formular unterschreiben. Das kann zum Beispiel die Überweisung in der Bank, die Bestätigung, dass ein Postpaket angenommen wurde, die Unterschrift des Mietvertrags oder ein Antrag bei einer Versicherung auf Auszahlung von Krankenhaustagegeld sein. Bei geistiger und körperlicher Gesundheit geschieht das mehr oder weniger selbstverständlich, meist ohne größeren

Aufwand. Ganz anders ist dies jedoch, wenn Sie dies selbst nicht mehr bewerkstelligen können und eine andere Person an Ihrer Stelle handeln soll.

Entscheidung durch Bevollmächtigten oder Betreuer

Für Bankgeschäfte und auch Verhandlungen mit Versicherungen und Behörden, die zu Ihren Lebzeiten getätigt werden sollen, braucht Ihr Vertreter eine Vollmacht. Gibt es diese Vollmacht nicht, muss vom Gericht ein Betreuer bestellt werden, der dem Amtsgericht regelmäßig Rechenschaft über finanzielle Transaktionen ablegen muss. In machen Fällen reicht eine einfache Vollmacht nicht aus, sondern sie muss notariell beurkundet sein; das gilt zum Beispiel für den Kauf und Verkauf von Grundstücken. Aber auch Eigentümer von Firmen sollten ihre Wünsche, wie die Geschäfte in solchen Fällen weitergeführt werden sollen, nicht nur schriftlich festlegen, sondern dies zur Sicherheit beurkunden lassen.

Testament oder Erbvertrag für den Nachlass

Während die Vorsorgevollmacht das richtige Instrument für solche finanziellen Angelegenheiten zu Lebzeiten ist, dient das Testament oder auch ein Erbvertrag zur Regelung des Nachlasses, häufig geht es dabei auch in erster Linie um Geld und andere Vermögenswerte. Hier ist beispielsweise die Frage zu klären, wer nach der gesetzlichen Erbfolge erbberechtigt ist und wie Sie dafür Sorge tragen können, dass der Nachlass in anderer Weise verteilt wird bzw. wer die Geschäftsnachfolge antreten soll. Dabei sind allerdings Einschränkungen durch Pflichtteile oder auch die Erbschaftssteuer zu beachten.

Schwere Krankheit, lebenserhaltende Maßnahmen

Die Ursache dafür, zu Lebzeiten selbst nicht mehr über Angelegenheiten bestimmen zu können, sind häufig Unfälle oder schwere Krankheiten. Gerade mit diesem

Thema verbinden viele Menschen die Vorstellung von langem und fremdbestimmtem Leiden. Das möchten viele vermeiden und „in eigener Regie" den Ärzten mitteilen, welche medizinische Behandlung persönlich vorstellbar ist und was nicht.

Willensäußerung per Patientenverfügung

Über medizinische Maßnahmen entscheidet der Patient nach Aufklärung durch den Arzt. Für den Fall, dass Sie sich nicht selbst äußern können, haben Sie mit einer Patientenverfügung die Möglichkeit, Einfluss auf die Behandlung zu nehmen. Damit die Patientenverfügung in der Praxis anerkannt wird, muss sie jedoch so abgefasst sein, dass Ihr wirklicher Wille für die konkrete Situation deutlich wird.

Vollmacht für eine Person des Vertrauens

Oft sind Patientenverfügungen nicht konkret genug, da es schwierig ist, für alle erdenklichen Situationen Vorgaben in Worte zu fassen. Deshalb können Sie in einer Vorsorgevollmacht eine Vertrauensperson benennen, die als Bevollmächtigter nach Beratung mit den Ärzten über die Behandlung entscheiden soll.

Rechtliche Betreuung kann notwendig sein

Vor schwerwiegenden medizinischen Eingriffen, die unter Umständen den Tod des Patienten oder über einen langen Zeitraum größere körperliche Beeinträchtigen zur Folge haben können, und auch bei Entscheidungen über den Abbruch lebenserhaltender Maßnahmen mit der Konsequenz eines früheren Todes, reicht die Patientenverfügung allein in der Praxis oft nicht aus. Auch eine Vorsorgevollmacht, in der der Bevollmächtigte ermächtigt wird, in solchen Fällen zu entscheiden, ist unter Umständen nicht ausreichend. Dann wird vom Gericht eine rechtliche Betreuung eingerichtet, für die sie jedoch auch Ihre Wünsche in einer Betreuungsverfügung niederschreiben können. Den

Entscheidungen der Bevollmächtigten oder des Betreuers muss zusätzlich das Gericht eine Zustimmung geben.

1

Langanhaltende Pflege und Versorgung bei dementiellen Krankheiten

Ein großes Problem in unserer Gesellschaft ist die zunehmende Anzahl von Menschen, die an einer dementiellen Krankheit wie zum Beispiel der Alzheimer Krankheit leiden. Experten schätzen, dass derzeit 500.000 Menschen in Deutschland leben, die an einer Demenz leiden, wobei mit einer hohen Dunkelziffer zu rechnen ist. Das schwierige an solchen Krankheiten ist, dass sie schleichend und über einen längeren Zeitraum verlaufen. Oft ist im Anfangsstadium nicht zu erkennen, dass die Krankheit eingesetzt hat. Eines Tages müssen dann Betroffene und vor allem ihre Angehörigen und Freunde feststellen, dass der Kranke seine Angelegenheiten nicht mehr selbst regeln kann. Wenn andere nun für ihn tätig werden sollen, brauchen sie eine Vollmacht, die allerdings noch in gesunden Tagen ausgestellt sein muss. Ist dies nicht der Fall, muss ein Betreuungsverfahren eingeleitet werden, sobald Entscheidungen für den Betroffenen gefällt werden müssen.

Unterzeichnung Heimvertrag durch Bevollmächtigte und Betreuer

Im Endstadium einer Demenz ist häufig eine Pflege zu Hause nicht mehr möglich, weil zum Beispiel erhöhte Gefahren drohen, da der Kranke wegläuft oder Herd und andere Geräte unbedacht nutzt. Außerdem ist die Pflege eines Dementen mit sehr hohen Belastungen der Angehörigen verbunden, die sie manchmal nicht mehr tragen können oder auch wollen. Steht dann der Umzug in ein Heim an, kann ein Bevollmächtigter den Zeitpunkt des Umzugs bestimmen und den Heimvertrag unterschreiben. Sofern in der Vollmacht benannt, kann er auch den Mietvertrag kündigen und über Möbel und Hausrat bestimmen. Gibt es keine Vollmacht für diese Aufgaben, muss eine Betreuung mit dem Aufgabenbereich der Aufenthaltsbestimmung eingerichtet werden.

Freiheitsentzug nur mit Genehmigung des Gerichts

Bei dementiellen Krankheiten, aber auch bei anderen (oft psychischen) Krankheiten kann es sein, dass zum Schutz des Kranken und seiner Umwelt freiheitsentziehende Maßnahmen notwendig werden. Entgegen der landläufigen Meinung sind solche Maßnahmen nicht nur die Einweisung in eine geschlossene Station oder das Fesseln an das Bett; auch die Gabe von starken Beruhigungsmitteln, die Kontrolle des Aufenthaltsorts mittels Chip, der an die Kleidung befestigt ist, oder Bettgitter bedeuten Freiheitsentzug. Für alle diese Maßnahmen ist eine richterliche Genehmigung notwendig. Ist dieser Fall ausdrücklich in der Vollmacht genannt, kann der Bevollmächtigte die Genehmigung einholen. Gibt es keine Vollmacht ist auch hier eine Betreuung notwendig.

Der Sterbeprozess

Versorgung und Pflege in den letzten Lebenstagen

Viele Menschen hoffen auf einen schnellen Tod ohne Leiden in der häuslichen Umgebung. Die Realität sieht jedoch anders aus, denn in Deutschland sterben die meisten Menschen in Krankenhäusern oder Altenheimen. Inzwischen setzt sich aber auch hierzulande ein Denken durch, dass dies nicht unbedingt so sein muss, weshalb zum Beispiel Hospize, die ambulant oder in einer Einrichtung sterbende Menschen begleiten, staatlich gefördert werden. In einer Patientenverfügung und auch in der Vorsorgevollmacht können Sie festhalten, wie Sie sich Ihre Pflege und Versorgung in den letzten Lebenstagen vorstellen.

Organspende

Ausweis für Organspende

Viele Menschen leiden an einer schweren Krankheit und sind auf Spenderorgane angewiesen. Wenn Sie diesen Menschen helfen wollen, können Sie festlegen, dass nach Ihrem Tod Organe entnommen werden dürfen. Dies können Sie in Ihre Patientenverfügung integrieren. Da – insbesondere bei Unfällen – schneller Handlungsbedarf besteht, sollten Sie besser noch einen Organspendeausweis beim Personalausweis mit sich tragen. Solche Ausweise sind zum Beispiel erhältlich bei der Bundeszentrale für Gesundheitliche Aufklärung (BZgA) oder dem Arbeitskreis Organspende (siehe Seite 187).

Begräbnis, Grabpflege

Haben Sie Vorstellungen von Ihrer Bestattungszeremonie, eventuell sogar Wünsche jenseits der in Deutschland üblichen Erdbestattung, sollten Sie dies Ihren Angehörigen mitteilen. Manchmal finden sich dazu Formulierungen im Testament. Das ist jedoch nicht unbedingt empfehlenswert, da die Testamentseröffnung unter Umständen erst nach der Bestattung erfolgt.

Wenn Sie eine Vorsorgevollmacht ausgestellt haben, können Sie dem Bevollmächtigten auch Anweisungen zur Bestattung geben. Eine Vollmacht hat zudem den Vorteil, dass die Kosten, die für die Bestattung anfallen – sofern Sie dies wünschen –, direkt von Ihrem Konto beglichen werden können. Eine Vollmacht ist nämlich auch über den Tod hinaus gültig. Dagegen endet die Betreuung mit dem Tod des Betroffenen, denn sie dient nur dazu, die Angelegenheiten für eine Person zu regeln, solange sie dies zu Lebzeiten nicht kann. Sofern niemand eine entsprechende Vollmacht hat, kann nach dem Tod also erst wieder jemand entsprechend tätig werden, wenn der

Erbschein ausgestellt wurde oder ein notarielles Testament vorgelegt werden kann. Da dies einige Zeit in Anspruch nehmen kann, gibt es dann eine zeitliche Lücke, in der niemand zum Beispiel Bankgeschäfte tätigen oder Firmenentscheidungen treffen kann.

Vertrag mit Bestattungsunternehmen

Sofern Sie detaillierte Wünsche bezüglich Ihrer Bestattung haben, sollten Sie dies in einem Bestattungsvertrag direkt mit dem Bestattungsunternehmen regeln. Denn Details wie die Sargfarbe oder Kleiderwünsche gehören nicht unbedingt in eine Vorsorgevollmacht. Sie sollten aber in der Vollmacht darauf hinweisen, wenn Sie einen solchen Vertrag abgeschlossen haben, und das entsprechende Unternehmen benennen.

Beratung

Verschiedene Institutionen beraten zu Verfügungen und Vollmachten

Wenn Sie Ihre Angelegenheiten vorsorglich regeln wollen, sind viele Details zu beachten und Fragen zu klären. In diesem Buch finden Sie Anregungen dazu, aber nicht alles kann im Einzelnen beschrieben werden. Eine persönliche Beratung über Inhalte und das Vorgehen finden Sie bei verschiedenen Institutionen:

- Die Betreuungsämter der Kommunen sollen die Vormundschaftsgerichte bei ihrer Arbeit unterstützen, beraten aber auch kostenlos nicht nur zu Betreuungsverfahren sondern auch zu Themen wie Betreuungsverfügungen und Vorsorgevollmachten. Zu finden sind die Betreuungsbehörden bei den Kommunalverwaltungen, in der Regel im Gesundheits- oder im Sozialamt.
- Betreuungsvereine sind ehrenamtliche Vereine, deren Mitarbeiter im Auftrag der Amtsgerichte Betreuungen übernehmen, wenn Angehörigen oder Freunde dies nicht tun. In den Betreuungsvereinen finden zum einen ehrenamtliche Betreuer bei laufenden

Betreuungen Unterstützung. Zum anderen beraten sie vermehrt zu Betreuungsverfügungen, Vorsorgevollmachten und teilweise zu Patientenverfügungen. Ansprechpartner dieses kostenlosen Angebots finden Sie im Telefonbuch unter dem Stichwort „Betreuungsverein".

- Vormundschaftsgerichte sind eine Abteilung der Amtsgerichte. Sie beraten in erster Linie bei bereits laufenden Betreuungen. Allerdings sind manche auch bereit, im Vorfeld zu beraten oder an die richtigen Stellen weiterzuverweisen.

- Notare sind die richtige Adresse, wenn es um Fragen zum Testament und zu Vollmachten geht. Unter Umständen ist auch eine notarielle Beurkundung dieser Dokumente sinnvoll bzw. notwendig. Dann können Sie die Beurkundung gleich mit der Beratung verbinden. Für die notarielle Tätigkeiten fallen Kosten an, die sich nach der Höhe des Geldwertes dessen richtet, was festgelegt werden soll. So kostet eine notarielle Beurkundung mit Beratung bei einer Vorsorgevollmacht über ein Vermögen von 50.000 Euro 76 Euro. Beim Testament sind die Gebührensätze höher.

- Zum Verfassen einer Patientenverfügung sollten Sie zum einen mit Ihrem Arzt verschiedene Krankheiten, Behandlungsmaßnahmen und deren Konsequenzen besprechen. Wenn es jenseits der medizinischen Fachbegriffe um die richtige Formulierung geht, können Sie auch die Betreuungsvereine und -behörden um Rat fragen. Außerdem gibt es inzwischen viele Vereine und Verbände, die speziell zur Patientenverfügung beraten und sie teilweise auch aufbewahren.

Verfügungen und Vollmachten zu Lebzeiten

Wenn Sie für den Fall Vorsorge treffen wollen, dass Sie zu Lebzeiten keine eigenmächtigen Entscheidungen treffen können – weil Sie zum Beispiel nach einem Unfall im Koma liegen –, können Sie eine oder mehrere der folgenden Verfügungen erstellen:

- Vorsorgevollmacht
- Patientenverfügung
- Betreuungsverfügung

Mit der Vorsorgevollmacht bestimmen Sie eine oder mehrere Personen, die in Ihrem Namen tätig werden soll(en), wenn Sie selbst keine Entscheidungen mehr treffen können. In der Patientenverfügung teilen Sie vor allem dem behandelnden Arzt mit, welche Behandlungen Sie im Krankheitsfall wünschen oder welche gerade nicht oder nur unter bestimmten Bedingungen vorgenommen werden sollen. In der Betreuungsverfügung nennen Sie Ihre Wünsche, wer Ihr Betreuer sein soll, sofern eine rechtliche Betreuung notwendig werden sollte.

Bei umfassendem Vorsorgewunsch: alle drei Verfügungen aufsetzen

Alle drei Verfügungen haben unterschiedliche Adressaten und inhaltliche Schwerpunkte. Allerdings gibt es Überschneidungen, sowohl inhaltlich als auch hinsichtlich ihrer Wirkungsgebiete. Für eine umfassende Vorsorge ist es deshalb empfehlenswert, alle drei Verfügungen aufzusetzen und an den entscheidenden Stellen auf die jeweils anderen zu verweisen.

Beachten Sie, dass das, was darin geregelt ist, spätestens nach Erteilung des Erbscheins nicht mehr gilt. Für diesen Fall müssen Sie ein Testament verfassen (siehe Kapitel 3). Allerdings ist es sinnvoll, die Inhalte der vorsorgenden Verfügungen und des Testaments aufeinander abzustimmen.

Vorsorgevollmacht

Vorsorgevollmacht macht eine rechtliche Betreuung oft unnötig

Allein im Jahr 2001 wurden von den Amtsgerichten in Deutschland über 200.000 neue gesetzliche Betreuungen eingerichtet. Insgesamt standen in dem Jahr mehr als 986.000 Menschen unter rechtlicher Betreuung, und zwar mit wachsender Tendenz. Viele dieser Betreuungen wären nicht notwendig, wenn die Betroffenen rechtzeitig vorgesorgt und jemanden benannt hätten, der an ihrer Stelle Geschäfte tätigen und Entscheidungen treffen könnte. Oftmals geschieht dies aus Unwissenheit.

Beispiel:

Die 60-jährige Klara Kant hat nach dem Tod des Vaters ihre Mutter im Haus aufgenommen. Die Mutter wird zusehends verwirrter und gebrechlicher, sodass Klara üblicherweise alle geschäftlichen Dinge erledigt. Im dörflichen Leben, wo alle Mutter und Tochter kennen, ist das nie ein Problem gewesen. Schließlich ist der Umzug der Mutter in ein Pflegeheim notwendig, da Klara unter der Last der Pflege zusammenzubrechen droht. Beim Einführungsgespräch erklärt ihr der Heimleiter, man könne die Mutter nicht aufnehmen, da diese nicht mehr geschäftsfähig sei und sie als Tochter keine Vollmacht habe, den Heimvertrag zu unterschreiben. Man müsse abwarten, bis vom Gericht ein Betreuer bestellt sei.

Sobald jemand volljährig, also 18 Jahre alt ist, gilt er als voll geschäftsfähig. Von diesem Zeitpunkt an können weder Eltern, Ehepartner noch sonstige Verwandte Entscheidungen in seinem Namen fällen, sondern sie benötigen dafür eine Vollmacht. Nicht geschäftsfähig sind Volljährige dann, wenn sie ihre Entscheidungen nicht anhand vernünftiger Erwägungen treffen können. Steht in dieser Situation eine Entscheidung oder ein Geschäft an und ist kein Bevollmächtigter ernannt, muss eine Betreuung eingerichtet werden.

Unterschied zwischen Vollmacht und Vorsorgevollmacht

Auch bei einer Vorsorgevollmacht handelt es sich grundsätzlich um eine Vollmacht. Das bedeutet, dass eine oder mehrere Personen benannt werden, die an Stelle des Vollmachtgebers Geschäfte tätigen und Entscheidungen treffen dürfen. Der Unterschied zu anderen Vollmachten besteht lediglich darin, dass die Vollmacht nicht ab dem Ausstellungstermin genutzt werden soll, sondern ein Zeitpunkt festgelegt wird, ab dem der Bevollmächtigte die Vollmacht verwenden kann.

Regelung des Gültigkeitsbereichs

Generalvollmacht berechtigt zur Vertretung in persönlichen Angelegenheiten

Bei Vollmachten, auch der Vorsorgevollmacht, müssen Sie unterscheiden zwischen einer Generalvollmacht und einer Art- oder Gattungsvollmacht. Wenn Sie eine Generalvollmacht ausstellen – und Ihre (Vorsorge-)Vollmacht auch so benennen –, berechtigen Sie eine Person, Sie in allen persönlichen Geschäftsbereichen zu vertreten. Nur so genannte höchstpersönliche Angelegenheiten, wie z. B. das Verfassen oder Ändern des Testaments, darf der Inhaber einer Generalvollmacht nicht regeln.

Bei einer Art- oder Gattungsvollmacht werden nur bestimmte Angelegenheiten festgelegt, die der Bevollmächtigte übernehmen soll. Dies wäre zum Beispiel die klassische Bankvollmacht. Aber auch wenn Sie nur verschiedene Bereiche in ihrer Vorsorgevollmacht benannt haben und andere nicht erwähnen, gilt die Vollmacht nur für die genannten Bereiche.

Beispiel:

Marion Mai erteilt ihrem Ehemann Paul eine Bankvollmacht und legt in ihrer Vorsorgevollmacht ausdrücklich fest, dass Paul sich im Bedarfsfall um ihre gesundheitlichen Angelegenheiten und um ihr Pferd kümmern soll. Nach einem Unfall liegt Marion ohne Bewusstsein auf der Intensivstation. Als Regelungen mit einer Versicherung anstehen, wird die Vollmacht von Paul nicht anerkannt, da Versicherungsangelegenheiten in der Vorsorgevollmacht nicht benannt wurden. Zur weiteren Bearbeitung musste ein gerichtlicher Betreuer mit dem entsprechenden Aufgabenbereich bestellt werden.

Zeitpunkt des In-Kraft-Tretens

Voraussetzungen für Wirksamkeit und Verwendung

Die Vorsorgevollmacht soll im Unterschied zu normalen Vollmachten nicht sofort gelten, sondern erst dann, wenn der Vollmachtgeber selbst keine Entscheidungen treffen kann. Sie müssen jedoch unterscheiden, ob die Vollmacht erst beim Eintritt der formulierten Bedingungen *wirksam* werden soll oder ob sie zwar sofort wirksam ist, aber erst nach Bedingungseintritt *verwendet* werden soll.

Werden Bedingungen für das Wirksamwerden der Vorsorgevollmacht formuliert, ist die Vollmacht nur bei Eintreten der Bedingungen und vor allem erst bei Vorlage entsprechender Bescheinigungen im so genannten Außenverhältnis gegenüber Dritten verwendbar. Damit ist der Einsatz der Vollmacht relativ streng geregelt, was zwar mehr Schutz vor Missbrauch bietet, für den Bevollmächtigten in der Praxis jedoch einige Probleme und eventuell sogar Handlungsunfähigkeit bedeuten kann.

Beispiel:

Einschränkung der Wirksamkeit ist problematisch

Paul Polle hat vor vielen Jahren eine Vorsorgevollmacht zugunsten seiner Tochter Mira verfasst. Als Bedingung für die Wirksamkeit hat er festgelegt, dass sein langjähriger Hausarzt Dr. Wüst seine Entscheidungsunfähigkeit feststellen soll. Als Herr Polle schließlich schwer erkrankt und seine Tochter seine Angelegenheiten regeln will, stößt sie auf große Schwierigkeiten. Man erkennt ihre Vollmacht ohne die Bestätigung von Dr. Wüst nicht an. Der befindet sich allerdings bereits im Ruhestand. Mira erhält zwar eine Bestätigung durch die behandelnden Ärzte, dass ihr Vater derzeit nicht geschäftsfähig sei, aber es gibt immer wieder Probleme und bei jedem neuen Geschäftsvorgang muss sie die jeweils aktualisierte ärztliche Bescheinigung erneut vorlegen.

Festlegung der Verwendung im Innenverhältnis

Als Alternative bietet sich eine Vollmacht an, die ab dem Ausstellungsdatum gültig und damit für den Bevollmächtigten sofort nach außen verwendbar ist. Die Bedingungen zur Verwendung werden lediglich im so genannten Innenverhältnis, also nur zwischen Vollmachtgeber und Bevollmächtigtem, festgelegt. Damit kann der Bevollmächtigte in der Regel problemlos alle anstehenden Entscheidungen regeln. Dieses Verfahren bringt es aber mit sich, dass es weniger Kontrolle gibt, ob der Bevollmächtigte seine Vollmacht missbraucht. Allerdings ist er gegenüber dem Vollmachtgeber haftbar, wenn er sich über die Absprache hinwegsetzt. Die meisten Fachleute raten zu dieser Art der Vorsorgevollmacht, da so die Handlungsfähigkeit des Bevollmächtigten eher gewährt ist.

Der Wirkungszeitpunkt sollte dann im Innenverhältnis an den Zustand der Entscheidungsunfähigkeit gebunden sein. Ob dieser Umstand tatsächlich eingetreten ist, sollte eine Vertrauensperson, also z. B. einer der behandelnden Ärzte, feststellen und schriftlich bestätigen.

FORMULIERUNGSVORSCHLAG

Zeitpunkt des In-Kraft-Tretens der Vollmacht

Ich, Helga Müller, geb. am 01.03.1931, wohnhaft In der Meierei 13, 13931 Meiershausen, erteile heute meinem Sohn Peter, geb. am 02.04.1968, eine Generalvollmacht, mich in allen persönlichen Angelegenheiten gegenüber außenstehenden Personen und Behörden zu vertreten. Allerdings bestimme ich im Innenverhältnis zwischen mir und meinem Sohn, dass Peter diese Vollmacht erst dann nutzen darf, wenn ich selbst wegen Krankheit oder Unfall oder sonstiger geistiger Störung nicht in der Lage bin, eine eigene Entscheidung zu treffen. Diesen Zustand muss er sich entweder von dem behandelnden Arzt im Krankenhaus oder von meinem Hausarzt Dr. Schmidt schriftlich bestätigen lassen.

Vorsorgevollmacht rechtzeitig ausstellen

Vollmachtgeber muss voll geschäftsfähig sein

Eine Vollmacht kann nur derjenige ausstellen, der voll geschäftsfähig ist. Das heißt, Sie müssen mindestens 18 Jahre alt und in der Lage sein, Entscheidungen aufgrund von vernünftigen Überlegungen zu treffen. Für Kinder und Jugendliche unter 18 Jahren können die Eltern als Sorgeberechtigte entscheiden. Wer älter als 18 Jahre ist und zum Beispiel aufgrund einer geistigen Behinderung oder Altersdemenz nicht „im Vollbesitz seiner geistigen Kräfte" ist, kann keine Vollmacht ausstellen. In diesen

Fällen ist bei anstehenden Entscheidungen die Einrichtung einer Betreuung notwendig. Deshalb ist es wichtig, eine Vorsorgevollmacht schon beizeiten auszustellen.

Beispiel:

Der 52-jährige Karl Kowalke und seine Frau Lena sind seit 28 Jahren verheiratet. Sie sind schon seit langem übereingekommen, dass sich der eine um die Angelegenheiten des anderen kümmert, wenn es gesundheitlich einmal schlechter gehen sollte. Von einer schriftlichen Vollmacht oder Verfügung haben beide bisher allerdings abgesehen, da sich ja noch vieles ändern könne. Eines Tages erleidet Herr Kowalke einen schweren Schlaganfall und kann sich nicht mehr äußern. Frau Kowalke stellt erschrocken fest, dass sie weder Zugang zum Konto ihres Mannes erhält, um offen stehende Rechnungen zu bezahlen, noch in seinem Namen Anträge bei der Rentenversicherung stellen kann.

Vollmacht wird oft unerwartet notwendig

2

Formale Anforderungen

Es gibt nur wenige Anforderungen, die eine Vorsorgevollmacht erfüllen muss, damit sie als solche anerkannt wird. Sie sollten die Vollmacht schriftlich verfassen; ob dies handschriftlich oder mit dem PC geschieht, ist nicht von Bedeutung, nur der Inhalt muss gut lesbar und eindeutig sein.

Der Vollmachtgeber muss seinen vollen Namen mit Geburtsdatum und möglichst auch die aktuelle Adresse angeben und die Vollmacht mit Ort und Datum unterschreiben.

Der Bevollmächtigte muss mit vollem Namen und Geburtsdatum genannt sein; die aktuelle Adresse ist zwar nicht notwendig, sollte aber dennoch genannt werden. Um für alle Beteiligten deutlich zu machen, dass der Bevollmächtigte die ihm zugedachte Aufgabe auch annimmt, sollte er unter Angabe von Ort und Datum unterschreiben.

Aktualität regelmäßig überprüfen

Damit der Inhalt Ihrer Verfügung Ihrer aktuellen Lebenssituation und den damit verbundenen Wünschen entspricht, sollten Sie die Vollmacht in regelmäßigen Abständen (ca. alle zwei Jahre) prüfen, eventuell Veränderungen einfügen und dann mit Datum und Unterschrift bestätigen, dass die Vollmacht weiterhin gelten soll.

Verwendung von Mustern ist möglich

Wenn Sie nicht mit eigenen Worten eine Vollmacht verfassen möchten, können Sie auch eine der vielen auf dem Markt veröffentlichten Mustervollmachten verwenden (z. B. im Internet auf den Seiten des Justizministeriums NRW: www.justiz.nrw.de/IndexSeite/Service/formulare/index.html). Allerdings müssen Sie sich darüber im Klaren sein, dass solche Muster oft nicht genügend Raum lassen, um eigene Vorstellungen näher auszuführen.

Notarielle Beurkundung

Üblicherweise ist es zur Anerkennung einer Vollmacht schon ausreichend, wenn Vollmachtgeber und Bevollmächtigter unterschreiben. Eine notarielle *Beglaubigung* bestätigt lediglich die Richtigkeit der Unterschrift. Eine inhaltliche Prüfung des Textes erfolgt nicht.

Notarielle Beurkundung umfasst Beratung

Im Rahmen der notariellen *Beurkundung* muss der Notar nicht nur dafür Sorge tragen, dass alle Beteiligten vom Inhalt der Vereinbarung in Kenntnis gesetzt wurden, sondern er muss den Vollmachtgeber über die rechtliche Tragweite seiner Wünsche belehren und prüfen, ob das Geschriebene eindeutig seinen Wünschen entspricht. Außerdem darf der Notar eine Beurkundung nur durchführen, wenn er von der Geschäftsfähigkeit der Beteiligten überzeugt ist. Damit haben Sie eine offizielle Bestätigung, dass Sie zum Zeitpunkt, an dem Sie die Vollmacht unterschrieben haben, „im Vollbesitz Ihrer geistigen Kräfte" waren. Trotzdem wird manchmal versucht, die Geschäftsfähigkeit des Vollmachtgebers im Nachhinein anzuzweifeln.

2

Bestätigung der Geschäftsfähigkeit auch ohne Notar

Wenn Sie auf den Gang zum Notar verzichten möchten, aber dennoch eine Bestätigung Ihrer Geschäftsfähigkeit wünschen, können Sie auch eine andere Person des Vertrauens wie den Hausarzt, den Pfarrer oder eine gute Freundin (aber nicht den Bevollmächtigten) bitten, zu bestätigen, dass Sie sich über die Tragweite Ihrer Entscheidungen im Klaren waren. Dies ist weniger sicher als die notarielle Beurkundung, reicht aber im Normalfall aus.

Eine notarielle Beurkundung ist jedoch sehr empfehlenswert, wenn sich die Vollmacht auf ein größeres Vermögen oder Firmeneigentum bezieht. Dies ist nicht nur für die Anerkennung der Vollmacht nützlich. Mit der Beurkundung erfolgt in der Regel auch eine Beratung durch den Notar, die Sie bei komplizierteren Lebensumständen oder größeren Vermögenswerten in Anspruch nehmen sollten, um Ihre Entscheidungen abzusichern. Bei Rechtsgeschäften, für die selbst eine notarielle Beurkundung vorgeschrieben ist (z. B. Grundstückserwerb oder -verkauf), muss die Vollmacht notariell beurkundet sein, sonst muss für diesen Aufgabenbereich ein Betreuer eingesetzt werden.

Widerruf oder Änderung

Voraussetzungen für Widerruf der Vollmacht

Am einfachsten lässt sich die Vollmacht widerrufen bzw. ändern, indem Sie alle Originale der alten Vollmacht von Ihren Bevollmächtigten zurückfordern. Andernfalls können Sie entweder nur einen Widerruf formulieren oder Sie erstellen ein neue Vollmacht und legen darin fest, dass die alte Vollmacht nicht mehr gültig ist. In beiden Fällen ist es besonders wichtig, dass das Datum vermerkt ist. Wurde die erste Vollmacht notariell beurkundet, muss auch der Widerruf oder die neue Vollmacht notariell beurkundet werden. Selbstverständlich müssen Sie den oder die Bevollmächtigten über Ihren Widerruf informieren.

FORMULIERUNGSVORSCHLAG

Widerruf und Änderung

Mit dieser Vorsorgevollmacht bestimme ich, Luise Lustig (geb. 20.02.1953, wohnhaft Bebelallee 22, 22522 Lufthafen, dass mein Bruder Harm Lustig, geb. 04.04.1954, mein alleiniger Bevollmächtigter sein soll und ich ihm eine Generalvollmacht zur Regelung aller meiner Angelegenheiten erteile.

Damit widerrufe ich gleichzeitig meine alte Vollmacht vom 27. März 1987, in der ich meinen damaligen Ehemann Herbert Scholz als Bevollmächtigten benannt habe.

Voraussetzung für den gültigen Widerruf ist, dass der Vollmachtgeber auch zum Zeitpunkt des Widerrufs voll geschäftsfähig ist. Zur Sicherheit sollten Sie sich dies bestätigen lassen. Wenn keine Geschäftsfähigkeit mehr besteht, kann die Vollmacht nur noch durch einen gesetzlichen Betreuer widerrufen werden.

Der Bevollmächtigte

Eine Person des Vertrauens notwendig

Je nach Umfang der Vollmacht hat der Bevollmächtigte einen weiten Aufgabenbereich und eine große Verantwortung. Sie sollten deshalb nur solchen Personen eine Vollmacht ausstellen, denen Sie in vollem Umfang vertrauen. Selbstverständlich sollten Sie mit dem Bevollmächtigten auch klären, ob dieser bereit und in der Lage ist, die ihm zugedachte Aufgabe zu übernehmen.

Es können mehrere Personen bevollmächtigt werden

Um eine Person aufgrund der Vielzahl der zu erledigenden Aufgaben nicht zu überfordern oder weil sie nur für bestimmte Aufgabengebiete kompetent ist, können Sie auch mehrere Personen benennen. Allerdings müssen Sie dann genau festlegen, wer für welche Bereiche Entscheidungen treffen soll. Außerdem müssen Sie darauf achten, dass die Bevollmächtigten ihre Entscheidungen nicht gegenseitig aufheben können.

FORMULIERUNGSVORSCHLAG

Bevollmächtigung mehrerer Personen

Meinem Ehemann Rainer Laus erteile ich die Vollmacht, über meine Gesundheitsangelegenheiten und meinen Aufenthaltsort zu bestimmen. Meinem Bruder Klaus Schädlich erteile ich die Vollmacht zur Regelung aller meiner finanzieller Angelegenheiten, da er als Bankkaufmann darin besonders kompetent ist. Sollten Vorstellungen der beiden im Widerspruch stehen, soll mein Ehemann entscheiden, wie zu verfahren ist.

Außerdem können Sie einen Ersatzbevollmächtigten bestimmen für den Fall, dass der ursprünglich genannte Bevollmächtigte die Aufgabe nicht wahrnehmen kann.

Um dem Bevollmächtigten seine Aufgaben zu erleichtern, können Sie ihm auch das Recht einräumen, weiteren Personen eine Untervollmacht zu erteilen. So kann er zum Beispiel auch andere mit Behördengängen beauftragen, um sich selbst zeitlich zu entlasten.

Inhalte einer Vorsorgevollmacht

Wichtige Angaben in der Vollmacht

Wie bereits zuvor beschrieben muss bzw. sollte die Vollmacht folgende Rahmendaten enthalten:

- voller Name, Geburtsdatum, aktuelle Adresse des Vollmachtgebers,
- voller Name, Geburtsdatum, aktuelle Adresse des Bevollmächtigten,
- Datum, Ort und Unterschrift des Vollmachgebers,
- Datum, Ort und Unterschrift des Bevollmächtigten,
- eventuelle Bestätigung, dass sich der Vollmachtgeber über die Tragweite seiner Entscheidungen zum Zeitpunkt des Ausstellens der Vollmacht bewusst war,
- regelmäßige Bestätigung, dass die Vollmacht nach wie vor gilt.

Damit die Vollmacht zur Vorsorgevollmacht wird, muss darüber hinaus die Regelung zum In-Kraft-Treten (siehe Seite 20 ff.) enthalten sein.

Möchten Sie einer Person eine Generalvollmacht erteilen, reicht prinzipiell schon ein Satz, Sie können dies aber auch noch konkretisieren. Vor allem sollten Sie die Aspekte, die Ihnen wichtig erscheinen, mit in die Vollmacht aufnehmen. Darüber hinaus kann der Bevollmächtigte auch verpflichtet werden, regelmäßig im Sinne des Vollmachtgebers tätig zu werden, indem Sie zum Beispiel festlegen, dass er sich um das Wohl einer dritten Person sorgen muss.

FORMULIERUNGSVORSCHLAG

Hiermit erteile ich, Rosa Roth (geb. am 30.03.1953, wohnhaft Grüner Grund 30, 30503 Hannover), meinem Ehemann Klaus Roth, geb. am 31. 03. 1957, eine Generalvollmacht, mich in allen persönlichen Angelegenheiten zu vertreten. Die Vollmacht berechtigt insbesondere zur Regelung aller meiner Vermögensangelegenheiten und zur Bestimmung über meinen Aufenthaltsort. Außerdem soll mein Hund Lucky in der Obhut meines Mannes bleiben und von ihm versorgt werden, bis Lucky stirbt. Mein Bevollmächtigter soll meiner Tochter Marie für die Zeit ihres Studiums monatlich 500 EUR als Beitrag für ihren Lebensunterhalt überweisen. Nach Abschluss des Studiums soll Marie 2.000 EUR als Geschenk erhalten.

Vorsorgevollmacht für Bankgeschäfte

Bankvollmacht eventuell auf Extraformular

In der Vergangenheit gab es immer wieder Schwierigkeiten bei der Akzeptanz einer Vorsorgevollmacht durch die Geldinstitute. Obwohl es den gesetzlichen Regelungen widerspricht, verlangen einige Banken eine gesonderte Bankvollmacht auf den hauseigenen Formularen, die in Anwesenheit eines Bankangestellten unterschrieben werden müssen. Andere Geldinstitute bestehen nicht unbedingt auf dem eigenen Formular und der Unterschrift im Haus, verlangen aber, dass die Vollmacht durch einen Notar beurkundet oder die Unterschrift beglaubigt wurde. In fast allen Fällen fordert die Bank jedoch, dass die Vollmacht im Außenverhältnis sofort gültig ist, da sie nicht bei jeder Transaktion prüfen kann, ob die Gültigkeitsbedingungen tatsächlich erfüllt sind. Erkundigen Sie sich zur Sicherheit bei Ihrer Bank welche Vorgehensweise dort akzeptiert wird.

Übrigens gilt für die Post Ähnliches wie für die Banken. Auch sie akzeptiert nur sofort gültige Vollmachten und dies bevorzugt auf Formularen der Post.

Vollmacht für medizinische Entscheidungen

Der Bevollmächtigte sollte Ihre Vorstellungen kennen

Mit der Vorsorgevollmacht können Sie auch eine Vertrauensperson berechtigen, Sie in gesundheitlichen Angelegenheiten zu vertreten. Im Gegensatz zur Patientenverfügung, die sich direkt an den behandelnden Arzt richtet, bestimmen Sie in der Vollmacht, dass ein Dritter an Ihrer Stelle entscheiden soll. Selbstverständlich sollte der Bevollmächtigte dazu über Ihre Vorstellungen einer medizinischen Behandlung informiert sein. Dazu können Sie im Rahmen der Vollmacht auf eine bestehende Patientenverfügung hinweisen und festlegen, dass Entscheidungen in dort dargestellten Sinne zu treffen sind. Zum anderen sollten Sie ausführlich mit dem Bevollmächtigten über Ihre Vorstellungen sprechen, da sich vieles nicht so einfach schriftlich festhalten lässt. Falls Sie keine Patientenverfügung erstellt haben, sollten Sie Ihre grundsätzlichen Überzeugungen und Wünsche zur medizinischen Behandlung in Ihre Vollmacht integrieren.

In jedem Fall sollten Sie die Ärzte von ihrer Schweigepflicht entbinden, damit der Bevollmächtigte auch alle notwendigen Informationen erhält.

FORMULIERUNGSVORSCHLAG

Entbindung von der Schweigepflicht

Ich entbinde alle mich behandelnden Ärzte gegenüber meinem Bevollmächtigten sowie gegenüber meiner besten Freundin Dorothea Tätlich von ihrer Schweigepflicht.

Sofern es um die Einwilligung zu schwerwiegenden medizinischen Maßnahmen, z. B. eine größere Operation, geht, müssen Sie dies nach § 1904 BGB ausdrücklich erwähnen. Sonst darf der Bevollmächtigte keine Entscheidungen treffen. Außerdem ist in solchen Fällen zusätzlich eine Genehmigung durch das Vormundschaftsgericht notwendig. Darauf kann nur verzichtet werden, wenn innerhalb sehr kurzer Zeit und unaufschiebbar Entscheidungen getroffen werden müssen.

Bei schwerwiegenden Eingriffen Genehmigung des Vormundschaftsgerichts notwendig

FORMULIERUNGSVORSCHLAG

Bei schwerwiegenden medizinischen Entscheidungen

Mein Bevollmächtigter soll in Absprache mit den Ärzten auch über meine medizinische Heilbehandlung, Untersuchungen, Eingriffe und Medikamentengaben entscheiden. Dies gilt ausdrücklich auch für die in § 1904 BGB genannten Maßnahmen, die unter Umständen zu meinem Tod oder schwerwiegenden und länger andauernden gesundheitlichen Schäden führen können.

Ob die zuvor genannten Regelungen im BGB auch für den Abbruch lebenserhaltender Maßnahmen gelten (also zum Beispiel wenn eine Magensonde mit der Konsequenz entfernt wird, dass der Patient aufgrund von Nahrungsmangel stirbt), geht weder aus dem Gesetz noch aus den bisher vorliegenden Urteilen eindeutig hervor (Weiter siehe Seite 162 ff.). Sofern Sie den Abbruch lebenserhaltender Maßnahmen unter bestimmten Bedingungen wünschen, sollten Sie dies auf jeden Fall schriftlich formulieren, am besten in der Patientenverfügung (siehe Seite 42) oder, falls Sie keine Patientenverfügung erstellt haben, in der Vorsorgevollmacht.

Unterbringung oder Anwendung freiheitsentziehender Maßnahmen

Umzug in ein Heim ist keine Unterbringung

Wenn Sie dem Bevollmächtigten eine Generalvollmacht oder eine Artvollmacht für die Bestimmung des Aufenthaltsortes erteilt haben, kann er einen Heimvertrag abschließen und – sofern der Umfang der Vollmacht dies zulässt – auch die alte Wohnung kündigen oder verkaufen. Wenn Sie genauere Vorstellungen zur Umsetzung haben, können Sie diese in der Vollmacht formulieren.

FORMULIERUNGSVORSCHLAG

Umzug in ein Heim

Sofern die Pflege und Versorgung in meinem Haus nicht mehr möglich sind, möchte ich in das Seniorenheim St. Anna einziehen. Ist dies nicht möglich, möchte ich in ein anderes christliches Heim in meiner Heimatstadt Ulm einziehen. Wenn vier Wochen nach dem Heimeinzug feststeht, dass ich nicht wieder in mein Haus zurückkehren kann, darf mein Bevollmächtigter dies verkaufen. Von den Möbeln und Einrichtungsgegenständen dürfen sich meine Kinder und Enkel nehmen, was sie möchten; der Rest soll Obdachlosen gespendet werden.

Anders sieht es aus, wenn eine „Unterbringung" oder freiheitsentziehende Maßnahmen notwendig sein sollten. Der klassische Fall einer Unterbringung ist die Verlegung in eine geschlossene Station, in der die Bewohner durch technische Maßnahmen daran gehindert werden, einen bestimmten Bereich zu verlassen. Maßnahmen des Freiheitsentzugs können aber auch das Anbringen von Bettgittern, Bauchgurten im Rollstuhl oder die Gabe von stärkeren Beruhigungsmitteln sein.

Ähnlich wie bei schwerwiegenden medizinischen Eingriffen muss die Entscheidungsbefugnis bei freiheitsentziehenden Maßnahmen ausdrücklich in der Vollmacht erwähnt werden (§ 1906 BGB). Und auch dann ist eine richterliche Genehmigung notwendig. Weiter Informationen hierzu finden Sie auf Seite 169 ff.

Bei Freiheitsentzug richterliche Genehmigung notwendig

FORMULIERUNGSVORSCHLAG

Bei freiheitsentziehenden Maßnahmen

Ich ermächtige meinen Bevollmächtigten ausdrücklich, auch über die Anwendung der in § 1906 BGB genannten freiheitsentziehenden Maßnahmen oder eine Unterbringung, die mit Freiheitsentzug verbunden ist, zu entscheiden.

Wirksamkeit nach dem Tod

Eine Vollmacht erlischt nicht automatisch mit dem Tod des Vollmachtgebers. Eine eindeutige Festlegung kann hierzu aber zum Beispiel wichtig sein, wenn vor Ausstellung eines Erbscheins schon Kosten für die Bestattung anfallen, die vom Konto des Vollmachtgeber gedeckt werden sollen.

FORMULIERUNGSVORSCHLAG

Wirksamkeit über den Tod hinaus

Diese Vollmacht soll auch über meinen Tod hinaus gelten. Ich möchte insbesondere, dass alle meine Person betreffenden Kosten, z. B. das Heimentgelt oder Bestattungskosten, von meinem Konto bezahlt werden. Erst wenn der Erbschein erteilt wurde, soll diese Vollmacht enden.

Kontrolle des Bevollmächtigten

Nur wenig Kontrolle des Bevollmächtigten

Ein Bevollmächtigter hat weit reichende Rechte, Ihre persönlichen Angelegenheiten zu bestimmen. Deshalb sollten Sie nur eine Person bevollmächtigen, zu der Sie absolutes Vertrauen haben. Eine routinemäßige Überwachung des Bevollmächtigten durch offizielle Stellen gibt es nicht. Einzige Ausnahmen sind Entscheidungen bei schwerwiegenden medizinischen Maßnahmen oder bei Freiheitsentzug. Hier muss das Amtsgericht zustimmen.

Eine gewisse Sicherheit können Sie einbauen, indem Sie nicht einen, sondern mehrere Bevollmächtigte benennen, die sich gegenseitig kontrollieren. Allerdings müssen Sie ihre Vollmacht so formulieren, dass diese sich nicht gegenseitig widersprechen können und damit handlungsunfähig werden (siehe Seite 27 f.).

Wenn Sie keine Generalvollmacht ausstellen, sondern dem Bevollmächtigten nur für bestimmte Entscheidungen eine Vollmacht erteilen, muss bei anstehenden Entscheidungen, für die es keinen Bevollmächtigten gibt, ein gesetzlicher Betreuer eingesetzt werden. Auch so können Sie den Handlungsspielraum des Bevollmächtigten eingrenzen.

Kontrollbetreuer durch Amtsgericht möglich

Sollte der Verdacht bestehen, dass der Bevollmächtigte seine Vollmacht missbraucht, kann vom Amtsgericht ein Kontrollbetreuer eingesetzt werden. Damit dieses Verfahren anläuft, muss jedoch zunächst der Verdacht des Missbrauchs gegenüber dem Gericht geäußert und die Einsetzung eines Kontrollbetreuers angeregt werden. Bis schließlich ein Kontrollbetreuer bestellt und bei Bedarf der Betreuer auch die Vollmacht widerrufen hat, kann einige Zeit vergehen.

Aufbewahrung der Vollmacht

Bevollmächtigter braucht Original der Vollmacht

Die Vollmacht nutzt dem Bevollmächtigten nur, wenn er ein Original vorlegen kann. Insofern ist es am einfachsten, wenn Sie dem Bevollmächtigten gleich das Original aushändigen. Haben Sie Sorge, dass dieser zu früh davon Gebrauch macht, können Sie die Vollmacht auch an anderer Stelle hinterlegen. Dies kann zum Beispiel ein guter Freund sein, den Sie anweisen, die Vollmacht erst nach Bestätigung der vorher festgelegten Voraussetzungen auszuhändigen, oder auch der Notar. Allerdings kann es bei allen Formen der Hinterlegung bei Dritten dazu kommen, dass das Original der Vollmacht nicht so schnell zur Hand ist und der Bevollmächtigte so lange handlungsunfähig ist. Dies sollten Sie bei der Entscheidung zwischen Sicherheit und Verfügbarkeit beachten.

Speicherung der Vollmacht im elektronischen Register

Notariell beurkundete oder beglaubigte Vorsorgevollmachten können durch den Notar dem elektronischen Register der Bundesnotarkammer gemeldet werden. Die Vormundschaftsgerichte, die prüfen, ob eventuell eine Betreuung eingerichtet werden muss, haben auf dieses Register Zugriff. Ist Ihre Vorsorgevollmacht (und Betreuungsverfügung) dort registriert, besteht eine große Wahrscheinlichkeit, dass das Gericht vor dem Einrichten einer Betreuung darüber informiert ist.

Denken Sie daran, dass Sie nach der regelmäßigen Überprüfung und Unterschrift ein neues Original an allen Stellen hinterlegen, die auch die alte Version hatten.

Kombination mit Patientenverfügung und Betreuungsverfügung

Mit der Vorsorgevollmacht erteilen Sie einer oder mehreren Personen Entscheidungsbefugnisse über Ihre per-

Kombination mit anderen Verfügungen empfehlenswert

sönlichen Angelegenheiten. Dazu können auch Entscheidungen in medizinischen Angelegenheiten gehören. Wenn Sie hierzu Ihre Vorstellungen formulieren wollen, macht es Sinn, eine Patientenverfügung aufzusetzen. Wenn Sie den Bevollmächtigten anweisen wollen, Ihre Patientenverfügung zu beachten, brauchen Sie nur einen entsprechenden Hinweis in Ihre Vollmacht aufzunehmen.

FORMULIERUNGSVORSCHLAG

Hinweis auf Patientenverfügung

Ich bestimme, dass mein Bevollmächtigter meine Vorstellungen bezüglich der medizinischen Behandlung umsetzen soll. Er soll dazu meine Patientenverfügung, die ich am 19. Mai 2003 verfasst habe, berücksichtigen.

Nicht immer ist eine Vollmacht ausreichend, damit der Bevollmächtigte tätig werden kann. Insbesondere bei schwerwiegenden medizinischen Eingriffen oder beim Freiheitsentzug kann die Einrichtung einer Betreuung vom Gericht angeordnet werden. Möchten Sie, dass Ihr Bevollmächtigter auch Ihre Betreuung übernimmt, können Sie dies in der Vollmacht ergänzen.

FORMULIERUNGSVORSCHLAG

Bevollmächtigter als Wunschbetreuer

Mit dieser Vollmacht möchte ich die Einrichtung einer gesetzlichen Betreuung vermeiden. Sollte dennoch eine Betreuung notwendig sein, möchte ich dass mein Bevollmächtigter auch als Betreuer eingesetzt wird.

Patientenverfügung

Handeln des Arztes nur mit Einwilligung des Patienten

Ärzte sind zum einen verpflichtet, Leben zu retten; andererseits müssen sie von Gesetzes wegen bei allen Eingriffen eine Einwilligung des Patienten erhalten, da sie sich sonst wegen Körperverletzung strafbar machen können. Steht eine Untersuchung oder Behandlung an, wenn der Patient keine Zustimmung oder Ablehnung äußern kann, befindet sich der Arzt im Dilemma, im Zweifel gegen eine gesetzliche Regelung zu verstoßen. Deshalb wird dann vom Arzt verlangt, vor einem Eingriff den „mutmaßlichen" Patientenwillen zu ergründen. Eine Patientenverfügung kann in solchen Situationen ein wichtiges Instrument sein, damit Ihre Wünsche bei der medizinischen Behandlung berücksichtigt werden.

Anerkennung einer Patientenverfügung

Patientenverfügung nicht immer anerkannt

Bis vor wenigen Jahren gab es seitens der Ärzte und Juristen vielfach Vorbehalte gegenüber Patientenverfügungen. Inzwischen hat sich diese Einstellung jedoch geändert. So hat zum Beispiel die Bundesärztekammer 1998 „Grundsätze zur ärztlichen Sterbebegleitung" veröffentlicht, in denen verschiedene Voraussetzungen für die Anerkennung von Patientenverfügungen genannt werden:

- Die Verfügung muss sich auf eine konkrete Behandlungssituation beziehen.
- Es dürfen keine Anhaltspunkte dafür bestehen, dass die Patientenverfügung nicht mehr gelten soll.
- Es muss ein ernsthafter Wille des Patienten erkennbar sein.

Auch ein Urteil des Bundesgerichtshofs im März 2003 (Az: XII ZB 2/03) hebt die Bedeutung der Patientenverfügung noch einmal hervor. Darin wird auch betont, dass die Patientenverfügung für Entscheidungen der Amtsgerichte, z. B. bei der Zustimmung zu schwerwiegenden medizinischen Eingriffen, eine wichtige Rolle spielt.

Aktive Sterbehilfe in Deutschland verboten

Dennoch kann es sein, dass Patientenverfügungen nicht berücksichtigt werden. So kann zum Beispiel niemand erwarten, dass ein Arzt, der bei einem Unfall Erste Hilfe leistet und lebensrettende Maßnahmen durchführt, vorher recherchiert, ob eine Patientenverfügung existiert und was ihr Inhalt ist. Außerdem darf in Deutschland keine aktive Sterbehilfe geleistet werden, beispielsweise die Gabe eines Medikaments mit tödlicher Wirkung. Entsprechende Bestimmungen in der Patientenverfügung darf der Arzt nicht befolgen.

Auf Aktualität der Patientenverfügung achten

Bei Patientenverfügungen, die bereits vor langer Zeit erstellt wurden, werden eher Zweifel an deren Gültigkeit aufkommen. Deshalb sollten Sie Ihre Patientenverfügung regelmäßig – etwa alle zwei Jahre – überprüfen, gegebenenfalls ändern und dann noch einmal unterschreiben. Dies sollten Sie auch machen, wenn größere Operationen anstehen oder wenn Sie die Diagnose einer schweren Krankheit erhalten haben.

FORMULIERUNGSVORSCHLAG

Bestätigung einer Patientenverfügung

Ich habe heute meine Patientenverfügung überprüft und möchte, dass sie weiterhin gelten soll.

Hannover, den 20.03.2003 *Hanna Hansen*

Formale Anforderungen

Eine Patientenverfügung kann jeder ausstellen, der sich über die Konsequenzen seiner Entscheidungen bewusst ist. Dazu ist keine Geschäftsfähigkeit notwendig. Kinder und Jugendliche unter 18 Jahren sollten ihre Wünsche jedoch mit ihren Eltern als Sorgeberechtigten besprechen, da die Ärzte deren Willen beachten müssen. Für die Anerkennung der Patientenverfügung kann es hilfreich sein, wenn eine weitere Person bestätigt, dass Sie sich über die Konsequenzen Ihrer Verfügung im Klaren sind. Das kann zum Beispiel der Arzt sein, mit dem Sie sich über Ihre Patientenverfügung beraten haben.

Beratung durch den Arzt

FORMULIERUNGSVORSCHLAG

Bestätigung der Entscheidungsfähigkeit

Hiermit bestätige ich, dass Frau Tina Lüging mit mir, Dr. Martina Ehrlich, ausführlich über die Konsequenzen der in dieser Patientenverfügung festgelegten Maßnahmen gesprochen hat und sich der Konsequenzen daraus bewusst ist.

Schwindhausen, den 10.01.2001 Martina Ehrlich

Zur Form einer Patientenverfügung gibt es keine verbindlichen Regeln; allerdings sollten Sie Folgendes beachten, damit sie mit hoher Wahrscheinlichkeit anerkannt wird. Allein aus Beweisgründen sollte die Verfügung schriftlich abgefasst werden. Dies muss nicht handschriftlich sein, sondern kann auch mit Maschine oder am PC geschrieben werden. Entscheidend ist eher, dass der Text lesbar ist und dass der persönliche Wille des Verfassers daraus hervorgeht. Nennen Sie am Anfang Ihren vollen Namen, Geburtstag und die aktuelle Adresse. Am Ende unterschreiben Sie den Text mit Namen, Datum und Ort.

Wirklicher Wille muss in Patientenverfügung erkennbar sein

Verwendung von Mustern problematisch

Nach allen bisher vorliegenden Erfahrungen ist die Wirksamkeit der Patientenverfügung entscheidend davon abhängig, ob der persönliche Wille und das Bewusstsein über die Konsequenzen der Entscheidung erkennbar sind und ob die anstehende medizinische Situation konkret beschrieben wurde. Diesen Anforderungen können Musterverfügungen, bei denen eventuell sogar nur noch Aussagen zum Ankreuzen enthalten sind, nicht genügen. Deshalb sollten Sie eine Patientenverfügung selbst verfassen. Muster können Ihnen bestenfalls als Orientierung dienen.

Widerruf und Änderung

Übrigens lässt sich die Patientenverfügung jederzeit ändern oder widerrufen, indem Sie Formulierungen ändern bzw. das alte Exemplar vernichten und ein neues erstellen. Aber selbst wenn eine aktuelle Patientenverfügung vorliegt, muss der Arzt prüfen, ob Anzeichen dafür bestehen, dass die Verfügung nicht mehr gelten soll. Das kann bedeuten, dass ein Patient – sofern er noch einwilligungsfähig ist – zur Not auch durch Kopfschütteln oder andere Zeichen äußern kann, wenn er einer Behandlung nicht zustimmt. Hat der Arzt jedoch Zweifel an der Einwilligungsfähigkeit der Patienten, muss an seiner Stelle entweder ein zuvor Bevollmächtigter entscheiden oder eine Betreuung eingerichtet werden.

Inhalte einer Patientenverfügung

Genaue Beschreibung von Behandlungssituationen notwendig

Die Patientenverfügung soll dem Arzt (und im Bedarfsfall auch dem Gericht) den persönlichen Willen bezüglich der medizinischen Behandlung und Pflege verdeutlichen. Neben der Forderung der Ärztekammer nach einer konkreten Beschreibung einzelner Behandlungssituationen gibt es keine Vorschriften für Patientenverfügungen.

In der Patientenverfügung können Sie zum einen Ihre grundsätzliche Einstellung zu medizinischen Maßnahmen darlegen, zum Beispiel Zustimmung oder Ablehnung bestimmter Behandlungsverfahren.

Schwerwiegende medizinische Eingriffe berücksichtigen

Besonders wichtig ist die Beschreibung der eigenen Einstellung bei schwerwiegenden medizinischen Eingriffen. Hier sollten Sie vor allem mit Bezug auf Ihre persönliche Situation (eventuell haben Sie eine schwere Krankheit überwunden oder eine Diagnose erhalten) genau beschreiben, welche Eingriffe für Sie akzeptabel sind und unter welchen Bedingungen Sie welche Behandlung ablehnen. Unbedingt sollten Sie Ihre Einstellung zur Verwendung von Schmerzmitteln darlegen.

FORMULIERUNGSVORSCHLAG

Zu Behandlungsverfahren

Ich wünsche die Anwendung alternativer Heilverfahren wie Mistelinjektionen bei Krebserkrankungen, allerdings nicht als alleinige Maßnahme, sondern nur in Kombination mit Verfahren der Schulmedizin.

Aus religiösen Gründen lehne ich jeglichen Transfer fremder Organe und auch Bluttransfusionen in meinen Körper ab.

...

Ich habe bei meiner Mutter erlebt, welche Schmerzen bei einer Krebserkrankung auftreten können. Deshalb möchte ich in jedem Fall ausreichend mit Schmerzmitteln behandelt werden. Das möchte ich auch dann, wenn damit Bewusstseinseintrübungen verbunden sind oder dadurch vielleicht ein früherer Tod eintritt.

Wünsche zum Abbruch lebenserhaltender Maßnahmen darlegen

Mit der Patientenverfügungen können auch die Wünsche zum Einsatz lebenserhaltender Maßnahmen im letzten Lebensabschnitt festgehalten werden. Weil es gerade hier immer wieder zu Konflikten zwischen Ärzten und Angehörigen kommt, empfiehlt es sich, klar darzulegen, unter welchen Umständen Sie den Einsatz lebenserhaltender Maßnahmen ablehnen bzw. deren Beendigung wünschen. Je detaillierter Sie dies beschreiben, desto größer ist die Chance, dass Ihre Wünsche durch die Ärzte, den Betreuer oder Bevollmächtigten und eventuell das Amtsgericht anerkannt werden.

FORMULIERUNGSVORSCHLAG

Einsatz lebenserhaltender Maßnahmen

Sollte ich mich in der Endphase einer tödlich verlaufenden Krankheit befinden oder unwiederbringlich bewusstlos sein, ohne dass Aussicht auf Heilung besteht, möchte ich keinen Einsatz von lebensrettenden Maßnahmen wie zum Beispiel eine Wiederbelebung nach Herzstillstand.

Außerdem möchte ich, dass alle lebenserhaltenden Maßnahmen wie beispielweise Ernährung per Magensonde eingestellt werden, wenn weder Aussicht auf Heilung noch Aussicht auf ein eigenständiges Leben bestehen. Dafür nehme ich auch in Kauf, dass ich kurzzeitig Leiden ertragen muss, weil ich zum Beispiel verhungern oder verdursten könnte.

Ich möchte, dass alle zur Verfügung stehenden Mittel genutzt werden, um mir Leiden durch Schmerzen oder Ängste zu nehmen. Ich möchte dies auch, wenn dadurch eventuelle gesundheitliche Schäden oder ein früherer Tod eintritt.

Neben der Beschreibung der Behandlungswünsche sollte die Patientenverfügung die Ärzte von ihrer Schweigepflicht gegenüber bestimmten Personen entbinden. So können Sie dafür sorgen, dass Ihre engsten Angehörigen, Freunde oder unverheiratete Lebenspartner über Ihren Zustand informiert werden.

Entbindung der Ärzte von Schweigepflicht

Und vergessen Sie nicht, regelmäßig Ihre Verfügung zu überprüfen und durch neue Ansichten, Erfahrungen oder eingetretene Krankheiten zu ergänzen.

Unterstützung bei der Formulierung

Als Laie fällt es schwer, sich Krankheiten, deren Behandlung und eventuelle Konsequenzen daraus realistisch vorzustellen. Deshalb sollten Sie unbedingt mit einem Arzt Ihres Vertrauens über Ihre Patientenverfügung sprechen und sich erklären lassen, welche Folgen der Einsatz und die Verweigerung bestimmter medizinischer Maßnahmen hat. Am besten lassen Sie sich dann auch gleich auf der Patientenverfügung bestätigen, dass Sie sich mit dem Arzt beraten haben. Wenn eine solche Beratung im Rahmen der Behandlung einer bestehenden Krankheit stattfindet, ist sie kostenlos, ansonsten kann der Arzt das Beratungsgespräch privat abrechnen. Die Kosten betragen dafür circa 20 Euro.

Außer mit dem Arzt sollten Sie auch mit Ihren Angehörigen und/oder Freunden über Ihre Verfügung sprechen. Dies hat zum einen den Nutzen, dass Sie noch einmal Ihre Wünsche formulieren und so Ihre Vorstellungen aus einem anderen Blickwinkel überprüfen können. Zum anderen erfahren so auch Ihre Vertrauenspersonen von Ihrer Einstellung und können diese im Bedarfsfall gegenüber Ärzten, Gerichten und Betreuern verdeutlichen.

Mit Angehörigen über Patientenverfügung sprechen

Am Institut für Medizinethik der Ruhr-Universität Bochum wurde das so genannte werteanamnestische Modell entwickelt, um sich dem Thema zu nähern. Anhand eines Fragenkatalogs werden Sie aufgefordert, zunächst Ihre persönlichen Erfahrungen mit schwer kranken und sterbenden Menschen zu beschreiben. Damit können Sie Ihrer Patientenverfügung einen Rahmen geben, mit dem Sie darlegen können, dass Sie sich ernsthaft Gedanken darüber gemacht haben. Anschließend führen verschiedene Fragen durch unterschiedliche Entscheidungssituationen. Dieser Ansatz ist auch Grundlage des Ratgebers der Verbraucherzentralen „Patientenverfügung, Vorsorgevollmacht und Betreuungsverfügung".

Wirksamkeit bei schwerwiegenden medizinischen Entscheidungen

Patientenverfügung bei schwerwiegenden Eingriffen in der Praxis oft nicht ausreichend

Viele Menschen hoffen, mit der Patientenverfügung festlegen zu können, wann bei ihnen keine lebenserhaltenden Maßnahmen mehr durchgeführt werden sollen. Wenn jedoch schwere medizinische Eingriffe, wie z. B. eine größere Operation, anstehen oder die Überlegungen bestehen, bei einem sterbenden Menschen auf weitere lebenserhaltende Maßnahmen zu verzichten, reicht die Patientenverfügung allein oft nicht aus, weil sie nicht hinreichend konkret ist. In diesen Fällen muss nicht nur der gesetzliche Vertreter des Patienten (Bevollmächtigter und/oder Betreuer) entscheiden, sondern es muss eine Genehmigung vom Amtsgericht eingeholt werden. Allerdings sind alle gehalten, den schriftlich formulierten Patientenwillen bei ihrer Entscheidung zu berücksichtigen.

Aufbewahrung der Verfügung

Hinweiskarte auf Patientenverfügung stets bei sich tragen

Bei einer Patientenverfügung kommt es darauf an, dass sie im Bedarfsfall schnell zur Hand und damit den behandelnden Ärzten bekannt ist. Andererseits sollten Sie die Verfügung regelmäßig erneuern können. Um beides zu gewährleisten, sollten Sie zum Beispiel beim Personalausweis eine Hinweiskarte auf die Patientenverfügung mit Angaben zum Aufbewahrungsort und eventuelle Kontaktpersonen aufbewahren. Auch den Hausarzt und sonstige behandelnde Ärzte sollten Sie auf die Verfügung hinweisen. Wenn Sie wissen, dass in absehbarer Zeit Entscheidungen anstehen, können Sie den Ärzten eine Kopie für die Krankenakten geben.

Das Original sollten Sie so aufbewahren, dass es bei Bedarf für Außenstehende schnell auffindbar ist und dass Sie es regelmäßig überarbeiten bzw. seine Gültigkeit bestätigen können. Das kann bei den persönlichen Unterlagen zu Hause oder bei einem Freund sein. Wenn Sie die Verfügung bei einem Notar hinterlegen, sollten Sie bedenken, dass die Verfügung außerhalb der üblichen Geschäftszeiten dann nicht unbedingt erhältlich ist.

Aufbewahrung in zentralen Archiven

Inzwischen gibt es in Deutschland auch drei Archive, die gegen Gebühr bzw. Mitgliedsbeitrag anbieten, Patientenverfügungen zu hinterlegen. Diese Institutionen erinnern auch regelmäßig an die Bestätigung der Gültigkeit und unterstützen Sie bei der Formulierung Ihrer Wünsche. Die Archive sind eingerichtet

- beim Deutschen Roten Kreuz (DRK),
- bei der Deutschen Hospizstiftung und
- beim Humanistischen Verband Deutschlands (siehe Seite 187).

Kombination mit Vorsorgevollmacht und Betreuungsverfügung

Damit die Patientenverfügung beachtet wird, müssen medizinische Maßnahmen detailliert benannt werden. Dies ist in Einzelfällen nicht immer möglich oder Sie können vielleicht gar nicht absehen, welche medizinischen Fragestellungen auf Sie zukommen. Außerdem ist es bei voller Gesundheit oft schwer nachzuvollziehen, welche Wünsche an der Grenze des Lebens bestimmend sein könnten. In dieser Situation kann es sehr beruhigend sein zu wissen, dass es eine Vertrauensperson gibt, die befugt ist, an Ihrer Stelle in der konkret anstehenden Situation zu entscheiden. Dies können Sie durch die Vorsorgevollmacht sicherstellen (siehe Seite 30 f.).

Einrichtung gesetzlicher Betreuung trotz Patientenverfügung

In einigen Fällen muss zusätzlich das Amtsgericht eingeschaltet werden, das wiederum die Einrichtung einer Betreuung fordern kann. Wenn Sie dafür mit einer Betreuungsverfügung vorgesorgt haben, haben Sie auch Einfluss auf die Entscheidungen des Gerichts und des Betreuers.

Betreuungsverfügung

Wünsche für die Betreuung

Das Betreuungsverfahren ist gesetzlich geregelt und im Bedarfsfall wird eine Betreuung eingerichtet, unabhängig davon ob eine Betreuungsverfügung vorliegt oder nicht. Mit der Betreuungsverfügung können Sie jedoch Ihre Wünsche bezüglich der Person des Betreuers äußern und zudem dem Amtsgericht und dem Betreuer wichtige Hinweise für deren Handeln geben. Dies wird allerdings insoweit eingeschränkt, dass Gericht und Betreuer den Wünschen nur so weit nachkommen, wie dies nicht „dem Wohl des Betreuten zuwiderläuft". In der Praxis kann dies bedeuten, dass sich Gericht oder Betreuer nach reiflicher Überlegung über Ihre Wünsche hinwegsetzen. Die Betreuungsverfügung benennt also nur Wünsche, ist aber keine Handlungsanweisung für Betreuer und Richter.

Einzelheiten zum Betreuungsverfahren finden Sie in Kapitel 4 dieses Buches (siehe Seite 114 ff.). An dieser Stelle werden nur die Aspekte dargestellt, die sich direkt mit dem Instrument der Betreuungsverfügung befassen.

Anforderungen an den Verfügenden

Eine Betreuungsverfügung kann jeder Mensch verfassen. Sie müssen nicht geschäftsfähig sein, allerdings ist bei Kindern und Jugendlichen unter 18 Jahren die Einrichtung einer Betreuung nicht notwendig, da andere, in der Regel die Eltern, das Sorgerecht haben. Also kommt die Betreuungsverfügung frühestens nach dem 18. Geburtstag zum Einsatz.

Anforderungen an den Betreuer

Geeignete Personen für die Betreuung

Wenn Sie jemanden als Betreuer benennen wollen, sollten Sie zu diesem Menschen ähnlich großes Vertrauen haben wie zu einem Bevollmächtigten, denn der Betreuer muss zwar routinemäßig dem Vormundschaftsgericht Rechenschaft über sein Handeln ablegen, aber er hat dennoch große Handlungsspielräume. Da der Betreuer oft auch geschäftliche Dinge übernehmen muss, zum Beispiel Überweisungen vom Konto des Betreuten tätigen, sollte der Betreuer selbst geschäftsfähig sein. Sonst kann er für solche Aufgaben nicht eingesetzt werden und das Gericht muss für diesen Aufgabenbereich eine andere Person zum Betreuer bestimmen.

Gesetzlich ausgeschlossener Personenkreis

Eine Einschränkung an die Person des Betreuers wird im BGB eindeutig festgelegt: Wenn Sie in einem Heim oder in einer Einrichtung für Behinderte leben, dürfen weder der Heimleiter noch die Mitarbeiter der Einrichtung und andere Personen, die in enger Verbindung zu der Einrichtung stehen, zum Betreuer bestellt werden. Damit soll gewährleistet werden, dass der Betreuer Sie neutral vertreten kann, und zwar auch bei der zentralen Frage der Versorgung durch eine Einrichtung.

Unterschiedliche Betreuer für verschiedene Aufgabenbereiche möglich

Wie bei der Vollmacht können Sie auch mehrere Personen als Betreuer mit verschiedenen Aufgabenbereichen benennen oder einen Ersatzbetreuer festlegen für den Fall, dass der Erstgenannte ausfällt.

Sie können übrigens auch festlegen, wer *nicht* Ihr Betreuer werden soll.

FORMULIERUNGSVORSCHLAG

Wunschbetreuer

Sollte die Einrichtung einer Betreuung notwendig sein, möchte ich, dass mein Ehemann Karl Laus, geb. am 30. September 1968, alle Entscheidungen bezüglich meiner Lebensumstände treffen soll. Dies betrifft vor allem die Bestimmung meines Aufenthaltsortes, der medizinischen Behandlung und dem Einsatz freiheitsentziehender Maßnahmen. Meine Schwester Anna Müller, geb. am 6. April 1969, soll meine Betreuerin ausschließlich für finanzielle Angelegenheiten sein. Wenn einer von beiden ausfällt, soll der andere auch den Aufgabenbereich des Ausgefallenen übernehmen.

Ich möchte nicht, dass meine Schwester Karla meine Betreuerin wird, da wir uns zerstritten haben.

Formale Anforderungen an die Verfügung

Betreuungsverfügung schriftlich verfassen

Eine Betreuungsverfügung müssen Sie schriftlich verfassen. Dabei sollten Sie Ihren vollen Namen und den Geburtstag angeben und möglichst auch Ihre aktuelle Adresse. Die Verfügung muss mit Angabe des Datums unterschrieben werden. Sofern Sie eine Person zum Betreuer bestimmen, muss diese mit vollem Namen und Geburtstag benannt werden. Hilfreich ist die Angabe ihrer aktuellen Adresse und Telefonnummer, damit das Gericht sie im Bedarfsfall schnell und einfach erreichen kann. Nach Möglichkeit sollte auch der Wunschbetreuer die Verfügung unterschreiben und so signalisieren, dass er für die Übernahme der Aufgabe zur Verfügung steht.

Eine Betreuungsverfügung muss nicht unbedingt durch einen Notar beglaubigt oder beurkundet werden. Mit dem Gang zum Notar können Sie jedoch die Ernsthaftigkeit Ihrer Wünsche unterstreichen und eine notarielle Beratung nutzen.

Verwendung von Mustern möglich

Es stehen zahlreiche Muster für Betreuungsverfügungen zur Verfügung. Für alle gilt, dass es sich um Muster und Vorschläge handelt. Sie reichen zwar aus, die grundsätzlichen Anforderungen zu erfüllen, aber Ihre individuellen Wünsche sollten Sie nach Möglichkeit darin ergänzen.

Inhalte einer Verfügung

Die Inhalte der Betreuungsverfügung sind abhängig davon, ob Sie daneben auch eine Vorsorgevollmacht und/oder eine Patientenverfügung verfasst haben. Ist dies der Fall, können Sie die Betreuungsverfügung einfach mit einem Satz in die bestehenden Unterlagen integrieren.

FORMULIERUNGSVORSCHLAG

Integration der Betreuungsverfügung in ein anderes Dokument

Für den Fall, dass die Einrichtung einer Betreuung notwendig wird, bestimme ich, dass meine Bevollmächtigte Marie Kanter, geb. 12. Januar 1954, auch als meine Betreuerin bestellt wird. Auch im Betreuungsfall möchte ich, dass die Inhalte meiner Vorsorgevollmacht und Patientenverfügung beachtet werden.

Es kann allerdings auch sein, dass Sie gar keine Vorsorgevollmacht verfasst haben, weil Sie zum Beispiel keine Person benennen können, der Sie so weitgehend vertrauen. In diesem Fall können Sie in der Betreuungsverfügung näher ausführen, wie Sie sich die Regelung Ihrer persönlichen Angelegenheiten vorstellen. Für die Formulierung solcher Aussagen können Ihnen die Beispiele, die im Abschnitt zur Vorsorgevollmacht (siehe Seite 28 ff.) verwendet wurden, Hilfestellung geben.

Wenn Sie keine Person als Betreuer festlegen möchten, weil Sie vielleicht niemandem in Ihrer Familie, Ihrem Freundes- und Bekanntenkreis diese Aufgabe zutrauen, können Sie auch nur Ihre Wünsche bezüglich der Regelung Ihrer Angelegenheiten nennen. In diesem Fall wird das Gericht einen Betreuer suchen. Falls kein ehrenamtlicher Betreuer in Ihrem Umfeld zur Verfügung steht, wird das Gericht bei Betreuungsvereinen fragen oder einen Berufsbetreuer einsetzen.

Sofern Sie auf eine Patientenverfügung verzichtet haben, aber dennoch Vorstellungen bezüglich Ihrer medizinischen Behandlung oder den Einsatz lebenserhaltender Maßnahmen festhalten möchten, können Sie auch diese Angaben in die Betreuungsverfügung integrieren.

Aufbewahrung der Verfügung

Hinterlegung der Betreuungsverfügung bei einigen Amtsgerichten möglich

Die Betreuungsverfügung können Sie bei Ihren persönlichen Unterlagen aufbewahren oder Angehörigen, Freunden oder Bekannten geben. Allerdings sollten Sie sicherstellen, dass das Gericht „im Falle eines Falles" weiß, dass Sie eine Betreuungsverfügung erstellt haben. Aus diesem Grund kann bei vielen Amtsgerichten die Betreuungsverfügung hinterlegt werden. In den Ländern Bayern, Bremen, Hessen, Saarland, Sachsen, Sachsen-Anhalt und Thüringen ist dies landesweit geregelt. In den anderen Bundesländern liegt es im Ermessen der Amtsgerichte, sodass Sie sich dort nach den örtlichen Vorgehensweisen erkundigen müssen.

Tipp: Wenn Sie die Betreuungsverfügung mit einer Patientenverfügung und/oder einer Vorsorgevollmacht kombinieren, können diese gemeinsam mit der Betreuungsverfügung bei den Amtsgerichten hinterlegt werden. Einzelne Vorsorgevollmachten oder Patientenverfügungen werden üblicherweise nicht von den Gerichten angenommen.

Wenn Sie die Betreuungsverfügung bei einem Notar beglaubigen oder beurkunden lassen, kann dieser Ihre Verfügung auch in einem Zentralregister (siehe Seite 35) registrieren lassen, über das Gerichte die Existenz einer Verfügung ermitteln können.

Rechtzeitig Vorsorge beim Vererben treffen

Die Deutschen sind reich wie nie zuvor. Die rund 37,5 Millionen Haushalte zwischen Flensburg und Garmisch verfügen über ein Nettovermögen von rund 6.500 Milliarden Euro. Und das bedeutet: Die Deutschen erben wie nie zuvor. In den nächsten Jahren werden 2.000 Milliarden Euro an nachfolgende Generationen weitergegeben. Wer erbt, entscheidet im Prinzip allein der Erblasser, also der Verstorbene, der das Vermögen hinterlässt. Nur wenn er keine „Verfügungen von Todes wegen" trifft, greift das gesetzliche Erbrecht.

Erblasser entscheidet, wer Erbe wird

Gesetzliches Erbrecht

Haben Sie kein Testament errichtet und keinen Erbvertrag geschlossen, dann bestimmt das Gesetz die Erbfolge. Zu Erben sind die Verwandten berufen; dabei schließen die näheren die entfernteren aus. Und auch für den überlebenden Ehegatten ist ein bestimmter Erbteil gesetzlich gewährleistet.

Gesetzliches Erbrecht, wenn kein Testament vorliegt

Gesetzliches Erbrecht der Verwandten

Das Erbrecht bestimmt die nächsten Angehörigen zu gesetzlichen Erben, wobei die Angehörigen entsprechend dem Verwandtschaftsgrad in bestimmte Ordnungen eingeteilt sind. Dabei schließen die engeren Verwandten einer vorrangigen Ordnung die weiteren Verwandten der nachrangigen Ordnung von der Erbfolge aus.

Engere Verwandte schließen weitere vom gesetzlichen Erbrecht aus

- Gesetzliche Erben erster Ordnung sind die Abkömmlinge des Erblassers, also Kinder, Enkel, Urenkel usw. Sind mehrere Kinder da, so erben sie zu gleichen Teilen. Wenn außer den Kindern beim Erbfall bereits weitere Abkömmlinge des Erblassers leben, so erben nur die Kinder und nicht die Enkel und Urenkel. Ein lebendes Kind schließt also seine eigenen Nachkommen von der Erbfolge aus. Nur wenn ein Kind des Erblassers schon vor diesem verstorben ist, treten sie an seine Stelle.

Nichteheliche Kinder

- Bei Erbfällen, die nach dem 1. April 1998 eingetreten sind, wird nicht mehr zwischen Kindern ehelicher und nichtehelicher Abstammung unterschieden, sie werden erbrechtlich gleichbehandelt.

Adoptivkinder

- Auch zwischen Adoptivkindern, die als Minderjährige vom Erblasser adoptiert wurden, und leiblichen Kindern besteht kein Unterschied.

Eltern und Geschwister als Erben

- Gesetzliche Erben zweiter Ordnung sind die Eltern des Erblassers und deren Abkömmlinge (Geschwister des Erblassers). Sie kommen nur dann zum Zuge, wenn beim Erbfall keine Erben der ersten Ordnung vorhanden sind. Wenn beim Erbfall noch beide Eltern des Erblassers leben, so erben nur die Eltern, nicht die Geschwister. Ist aber ein Elternteil verstorben, wird er durch seine Abkömmlinge ersetzt.

- Wenn auch keine Erben der zweiten Ordnung vorhanden sind, geht es eine Generation weiter zurück. In diesem Fall sind die Großeltern des Erblassers und deren Abkömmlinge als Erben der dritten Ordnung berufen.

Beispiele:

Anna Möller ist nicht verheiratet und hinterlässt drei Kinder: Fred, Fritz und Franz. Franz hat selbst ein Kind. Hier erben Fred, Fritz und Franz jeweils zu einem Drittel. Da Franz zur Zeit des Erbfalls noch lebt, ist dessen Kind von der Erbfolge ausgeschlossen.

Die unverheiratete Anja Müller hinterlässt zwei Kinder Anton und Alf. Das dritte Kind Alma, das bereits vor dem Erbfall verstorben ist, hinterlässt zwei Kinder. In diesem Fall würden Anton und Alf je ein Drittel erben. Almas Kinder erben zu je einem Sechstel.

Gesetzliches Erbrecht der Geschwister

Der nicht verheiratete Bodo Ball hinterlässt seinen Vater und zwei Geschwister. Seine Mutter ist vor dem Erbfall verstorben. Hier erbt der Vater des Erblassers die Hälfte. An die Stelle der verstorbenen Mutter treten die Geschwister mit je einem Viertel.

Der nicht verheiratete Ben Bäcker hinterlässt seine Mutter und seinen Bruder Max. Sein Vater ist vor dem Erbfall verstorben. Auch seine Schwester Ella ist schon früher verstorben; sie hinterlässt das Kind Franca. In diesem Fall erbt die Mutter die Hälfte. Nachdem der Vater vorverstorben ist, treten an seine Stelle die Geschwister des Erblassers. An die Stelle der vorverstorbenen Schwester Ella tritt deren Kind. Max und Franca erben zu je einem Viertel.

Gesetzliches Erbrecht der Eltern

Carlo Clasen ist unverheiratet und kinderlos verstorben. Seine Eltern leben noch, ebenso sein Bruder Claus. Hier erben beide Elternteile allein jeweils zur Hälfte. Sie schließen ihren Abkömmling, den Bruder des Erblassers, von der Erbfolge aus.

Gesetzliches Erbrecht des überlebenden Ehegatten

Güterstand ist für Höhe des Erbteils von Bedeutung

Welcher Erbteil dem überlebenden Ehegatten zusteht, hängt von zwei Faktoren ab: Einmal richtet sich der Erbteil danach, ob Verwandte des Verstorbenen ebenfalls erben und welche Verwandten vorhanden sind. Zum anderen ist die Höhe des Erbteils davon abhängig, in welchem Güterstand die Eheleute gelebt haben.

Güterstand der Zugewinngemeinschaft

Wenn die Eheleute im gesetzlichen Güterstand der *Zugewinngemeinschaft* gelebt haben, was den Regelfall darstellen dürfte, erbt der überlebende Ehegatte wie folgt:

Pauschaler Ausgleich des Zugewinns

- Neben den Erben der ersten Ordnung (Kinder, Enkel) erbt der überlebende Ehegatte ein Viertel des Nachlasses. Hinzu kommt noch ein Viertel als pauschaler Ausgleich des Zugewinns. Insgesamt erbt also der überlebende Ehegatte neben den Kindern des Erblassers die Hälfte des Nachlasses.
- Neben Erben der zweiten Ordnung erbt der überlebende Ehegatte die Hälfte des Nachlasses. Hinzu kommt wieder ein Viertel als pauschaler Zugewinnausgleich, sodass der überlebende Ehegatte neben den Eltern bzw. Geschwistern des Erblassers insgesamt drei Viertel des Nachlasses erbt.
- Konkurriert der überlebende Ehegatte ausschließlich mit Erben der dritten Ordnung (also Großeltern und deren Abkömmlinge), so erhält er den ganzen Nachlass, es sei denn, einzelne Großelternteile würden noch leben.

Lebte ein Ehepaar im Güterstand der *Gütergemeinschaft*, bleibt es bei dem Viertel am Nachlass; aber in einem solchen Fall gehört dem überlebenden Ehegatten ja ohnehin die Hälfte des gemeinschaftlichen Vermögens.

Güterstand der Gütertrennung

Bei *Gütertrennung* besteht grundsätzlich die Beschränkung auf ein Viertel des Erbes; wenn allerdings neben dem überlebenden Ehegatten ein oder zwei Kinder des Erblassers gesetzliche Erben sind, erben der überlebende Ehegatte und jedes Kind zu gleichen Teilen. Der überlebende Ehepartner soll also nach dem gesetzlichen Erbrecht nicht schlechter stehen als seine Kinder.

Beispiele:

Alf Anfang hinterlässt seine Frau Berta, mit der er im Güterstand der Zugewinngemeinschaft lebt, zwei Kinder und seine Eltern. Hier erbt Berta Anfang die Hälfte des Nachlasses; ihr Erbteil von einem Viertel erhöht sich um den pauschalen Ausgleich des Zugewinns von einem weiteren Viertel. Die Kinder erben zu je einem Viertel. Die Eltern sind von der gesetzlichen Erbfolge ausgeschlossen.

Alfons Ast hinterlässt seine Frau Barbara, mit der er im gesetzlichen Güterstand der Zugewinngemeinschaft gelebt hat, und seine zwei Brüder. Seine Eltern sind vor dem Erbfall verstorben. Die Ehe zwischen Alfons und Barbara blieb kinderlos. In diesem Fall erbt Barbara neben den Brüdern des Erblassers zunächst die Hälfte. Durch den Ausgleich des Zugewinns erhöht sich ihr Erbteil noch um ein Viertel auf drei Viertel. Den Brüdern verbleiben jeweils ein Achtel.

Güterstand der Gütergemeinschaft

Anton Axt hinterlässt seine Frau Bärbel, mit der er im Güterstand der Gütergemeinschaft gelebt hat, zwei Kinder und seine Eltern. Bärbel gehört ohnehin die Hälfte des Gesamtvermögens. Von dem Rest erbt sie ein Viertel; die beiden Kinder teilen sich die drei Viertel, erben also zu je drei Achtel.

Erbteil des Ehegatten bei Gütertrennung

Antonia Ampel hinterlässt ihren Ehegatten Bert, mit dem sie im Güterstand der Gütertrennung gelebt hat, zwei Kinder Toni und Bertram, ferner ein Enkelkind, die Tochter von Bertram. Ihr Mann und die Kinder erben zu je einem Drittel. Das Enkelkind ist von der gesetzlichen Erbfolge ausgeschlossen.

Geschiedener Ehegatte hat kein gesetzliches Erbrecht

Voraussetzung für das gesetzliche Erbrecht des Ehegatten ist immer eine rechtsgültige Ehe. Dem geschiedenen Ehegatten steht kein gesetzliches Erbrecht zu. Das gilt auch, wenn der Erblasser einen Scheidungsantrag bei Gericht eingereicht oder einem entsprechenden Antrag des Verstorbenen zugestimmt hat und die Voraussetzungen für eine Scheidung vorlagen. Hatte aber nur der überlebende Ehegatte einen Scheidungsantrag gestellt, der Verstorbene aber nicht und hatte der Verstorbene dem Scheidungsantrag auch nicht zugestimmt, so besteht das gesetzliche Erbrecht des überlebenden Ehegatten fort.

Testament

Anstelle der gesetzlichen Erbfolge

In zahlreichen Fällen wird die gesetzliche Erbfolge den Wünschen des Erblassers nicht gerecht. Hier sind viele Gründe denkbar: So kann die persönliche Bindung zu seinen Kindern sehr unterschiedlich sein, sodass er dem einen mehr, dem anderen weniger geben möchte. Ein anderer Erblasser möchte seine Kinder enterben und den überlebenden Ehegatten als Alleinerben einsetzen. In einem weiteren Fall wieder will der Erblasser eine Person versorgt wissen, die nicht zu den gesetzlichen Erben zählt. Und ein anderer, recht vermögender Erblasser erkennt, dass die gesetzliche Erbfolge erbschaftsteuerlich sehr ungünstig ist; deshalb will er anderweitige Verfügungen treffen.

Für diese Fälle und für viele andere Situationen stellt das Gesetz Ihnen Instrumente zur Verfügung, um Ihren letzten Willen (und nur der ist maßgebend) zu verwirklichen. In Betracht kommen das Testament und der Erbvertrag.

Eine Verfügung von Todes wegen kann grundsätzlich jedermann errichten, der geschäftsfähig ist. Ein Minderjähriger muss jedoch das 16. Lebensjahr vollendet haben; die Zustimmung des gesetzlichen Vertreters ist nicht erforderlich. Allerdings kann er ein Testament nicht privatschriftlich (eigenhändig), sondern nur durch Erklärung gegenüber dem Notar oder durch Übergabe einer „offenen Schrift", also nicht im Kuvert verschlossen, errichten. Zum Abschluss eines Erbvertrags muss der Erblasser unbeschränkt geschäftsfähig sein, also das 18. Lebensjahr vollendet haben. Wenn Ehegatten oder Verlobte einen Erbvertrag abschließen, genügt beschränkte Geschäftsfähigkeit; erforderlich ist dann aber die Zustimmung des gesetzlichen Vertreters und, falls dies ein Vormund ist, auch die Genehmigung des Vormundschaftsgerichts.

Erblasser muss bestimmtes Alter haben

Eigenhändiges Testament

Das privatschriftliche oder eigenhändige Testament können Sie ohne Einschaltung eines Notars, einer „Urkundsbehörde" oder einer anderen öffentlichen Stelle durch eigenhändig geschriebene und unterschriebene Erklärung erstellen. Die Unterschrift soll den Vor- und den Familiennamen enthalten. Wenn die Erklärung mittels Diktat, PC oder Schreibmaschine erstellt wird, wäre das Testament unwirksam. Nicht von Bedeutung für die Gültigkeit ist, in welcher Sprache oder Schrift das Testament abgefasst ist.

Eigenhändig geschriebene und unterschriebene Erklärung

Das eigenhändige Testament muss nicht formvollendet sein; Rechtschreibfehler, Streichungen oder Verbesserungen sind ohne Bedeutung. Allerdings muss es lesbar sein und der Wille des Erblassers muss in der Erklärung möglichst zweifelsfrei und umfassend zum Ausdruck kommen.

Wille des Erblassers muss zweifelsfrei zum Ausdruck kommen

Datumsangabe im Testament ist wichtig

Weiter sollte im eigenhändigen Testament angegeben werden, wann und an welchem Ort es geschrieben wurde. Das Testament ist zwar auch ohne diese Daten gültig, Probleme können sich aber ergeben, wenn mehrere Testamente vorliegen; in diesem Fall gilt nämlich nur das zuletzt errichtete. Ohne Datum ist dies oft schwierig nachzuvollziehen.

MUSTER

Eigenhändiges Testament

Freiburg, 2. Mai 2003

Mein letzter Wille

Zu meinen Erben bestimme ich meine Frau Elisabeth und meine Kinder Sabine und Manfred.

Meinem Freund Oskar vermache ich meine Briefmarkensammlung.

Alfred Vogel

Vor- und Nachteile des eigenhändigen Testaments

Das eigenhändige Testament hat den Vorteil, dass keine Kosten anfallen und dass es einfach und bequem errichtet werden kann. Ferner kann es schnell widerrufen oder geändert werden. Allerdings kann das handgeschriebene Testament leichter verloren gehen; und schlimmer noch ist, wenn es im Erbfall nicht auffindbar ist. Häufig ist das eigenhändige Testament nicht klar und eindeutig formuliert; gerade bei komplexen Erbrechtsangelegenheiten kann deshalb nur empfohlen werden, rechtskundigen Rat einzuholen. Eine Alternative zum eigenhändigen Testament ist dann das öffentliche oder notarielle Testament. Beide Testamentsformen, das eigenhändige und das notarielle Testament, haben untereinander den gleichen Rang.

Notarielles Testament

Das öffentliche oder notarielle Testament wird bei einem Notar errichtet. Sie können dazu dem Notar Ihren letzten Willen mündlich erklären oder ihm eine Schrift mit der Erklärung übergeben, dass diese Ihren letzten Willen enthalte. Das Schriftstück muss nicht von Ihnen selbst und kann auch mit Schreibmaschine geschrieben sein; das eigentliche Dokument ist ja das notarielle Protokoll.

Notar hat Prüfungs- und Belehrungspflichten

Dem Notar obliegen gesetzlich Prüfungs- und Belehrungspflichten. Er hat den Willen des Erblassers zu erforschen, den Sachverhalt zu klären, ihn über die rechtliche Tragweite des Testaments zu belehren und seine Erklärungen klar und unzweideutig in der Niederschrift wiederzugeben.

Vor- und Nachteile des notariellen Testaments

Das notarielle Testament hat den Vorteil, dass Sie sich bei Bedarf eingehend vom Notar beraten lassen können. Fehler und Unklarheiten können so vermieden werden. Gleichzeitig wird durch die amtliche Verwahrung des notariellen Testaments gewährleistet, dass das Testament nicht verloren geht oder unterdrückt wird. Und im Übrigen wird durch ein notarielles Testament ein Erbschein, dessen Erteilung oft lange dauert und Kosten verursacht (nach der Kostenordnung ist eine volle Gebühr zu entrichten), in der Regel überflüssig. Andererseits entstehen aber bei der Errichtung des notariellen Testaments wiederum Kosten, die Sie – im Gegensatz zum Erbschein – selber tragen müssen.

Kosten des notariellen Testaments

Die Beurkundung eines notariellen Einzeltestaments kostet nach dem Gesetz über die Kosten in Angelegenheiten der freiwilligen Gerichtsbarkeit (Kostenordnung), nach der die Nachlassgerichte und Notare ihre

Gebühren berechnen, eine volle Gebühr. Bei einem Nachlasswert von beispielsweise 80.000 Euro würde die Gebühr 177 Euro betragen bei einem Nachlasswert von 200.000 Euro 357 Euro, jeweils zuzüglich Mehrwertsteuer.

Aufbewahrung

Amtliche Verwahrung kann sinnvoll sein.

Das eigenhändige Testament können Sie an jedem beliebigen Ort aufbewahren. Allerdings sollten Sie dafür sorgen, dass vertrauenswürdige Personen von dem Aufbewahrungsort wissen. Andernfalls besteht die Gefahr, dass das Testament nicht oder erst längere Zeit nach dem Tod aufgefunden wird. Deshalb kann es sinnvoll sein, das eigenhändige Testament in amtliche Verwahrung zu geben. Es wird dann vom zuständigen Amtsgericht entgegengenommen und bis auf weiteres aufbewahrt. Das Amtsgericht informiert darüber das Standesamt am Geburtsort des Testierenden. Damit ist gewährleistet, dass im Todesfall das Testament den Erben bekannt wird. Das notarielle Testament wird beim Amtsgericht automatisch in Verwahrung genommen. Der Erblasser erhält eine Ausfertigung des vom Notar errichteten Protokolls.

Bei amtlicher Verwahrung entstehen Kosten

Für die Verwahrung des Testaments beim Amtsgericht wird eine Gebühr in Höhe eines Viertels der vollen Gebühr nach der Kostenordnung erhoben. Bei einem Nachlasswert von beispielsweise 150.000 Euro würde die Gebühr 70,50 Euro, bei einem Nachlasswert von 300.000 Euro 126,75 Euro, jeweils zuzüglich Mehrwertsteuer, betragen.

Widerruf

Sie können ein Testament sowie einzelne in Ihrem Testament enthaltene Verfügungen jederzeit frei widerrufen. Gründe dafür brauchen Sie nicht anzugeben. Das Widerrufsrecht ist ein unverzichtbares Recht des Erblassers. Ein Vertrag, durch den der Erblasser sich verpflichtet, an einem einmal errichteten Testament nichts mehr zu ändern, ist ungültig. Der Widerruf eines Testaments kann in unterschiedlicher Weise erfolgen.

Widerruf kann in verschiedenen Formen erfolgen

Sie können ein so genanntes Widerrufstestament erstellen, eigenhändig geschrieben oder vor dem Notar errichtet. Ein notarielles Testament kann auch durch ein eigenhändiges Testament widerrufen werden.

FORMULIERUNGSVORSCHLAG

Widerrufstestament

Mein am 12. Mai 2001 errichtetes Testament widerrufe ich hiermit.

Der Widerruf eines Testaments kann auch in der Weise erfolgen, dass Sie in einem neuen Testament inhaltlich andere Verfügungen als in einem früheren Testament treffen. Dann gilt ausschließlich die spätere Anordnung. Und selbstverständlich kann ein Widerruf auch in der Form erfolgen, dass das nicht in amtliche Verwahrung gegebene Testament vernichtet oder inhaltlich geändert wird. Übrigens kann ein notarielles Testament dadurch widerrufen werden, dass es aus der amtlichen Verwahrung zurückgenommen wird. Dagegen ändert sich bei einem eigenhändigen Testament nichts an der Wirksamkeit, wenn es aus der amtlichen Verwahrung zurückgeholt wird.

Bei mehreren Testamenten gilt zuletzt errichtete Anordnung

Erbvertrag

Sie können die Erbfolge auch durch einen Erbvertrag regeln; dabei schließen Sie einen Vertrag mit dem eingesetzten Erben, um so dem „Vertragserben" die Erbschaft rechtlich zu sichern.

Zweck

Erbvertrag bindet den Erblasser

Während Verfügungen in Form des Testaments jederzeit frei widerrufen werden können, ist das bei vertragsmäßigen Anordnungen im Erbvertrag nicht einfach möglich. Und in manchen Fällen besteht tatsächlich ein Bedürfnis nach mehr Bindung als in einem Testament.

Nichteheliche Lebensgemeinschaften

So ist vor allem für nichteheliche Lebensgemeinschaften der Erbvertrag eine geeignete Form, gemeinsame erbrechtliche Verfügungen zu treffen (siehe auch Seite 97 ff.).

Der Abschluss eines Erbvertrags kann auch dann sinnvoll sein, wenn der „Begünstigte" sich seiner Erbschaft sicher sein möchte, weil er seine ganze Lebensführung oder sein Verhalten auf die erwartete Erbschaft ausrichten musste (z. B. Studium für die spätere Übernahme des elterlichen Betriebs). Schließlich soll plötzlich nicht alles umsonst gewesen sein, weil sich der Erblasser die Sache im letzten Moment doch noch anders überlegt hat.

Inhalt

Nur vertragsmäßige Verfügungen binden den Erblasser

Im Erbvertrag können Sie alle die Verfügungen treffen, die auch in einem Testament möglich sind. Im Gegensatz zum Testament sind aber bestimmte Anordnungen, nämlich die vertragsmäßigen Verfügungen bindend.

Mindestens eine Verfügung eines der Vertragspartner muss vertragsmäßig sein; andernfalls liegt kein Erbvertrag vor. Als solche bindenden Verfügungen kommen nur die Erbeinsetzung (siehe Seite 73), das Vermächtnis (siehe Seite 79 ff.) und die Auflage (siehe Seite 81 ff.) in Betracht. Welche Verfügungen bindend sein sollen, entscheidet jeweils der Erblasser. Um später Streit zu vermeiden, sollten entsprechende Verfügungen im Erbvertrag ausdrücklich als „vertragsmäßige" Verfügungen bezeichnet werden. Wenn keine ausdrückliche Bestimmung vorliegt, dann muss nach den allgemeinen Regeln des Vertragsrechts ermittelt werden, ob und inwieweit eine gegenseitige Bindung gewollt ist oder ob nur eine einseitige Verfügung vorliegt. Einseitige Verfügungen im Erbvertrag sind nicht bindend und können deshalb jederzeit widerrufen werden.

3

Form

Erbvertrag bedarf notarieller Form

Der Erbvertrag muss vor dem Notar bei gleichzeitiger Anwesenheit beider Vertragsparteien geschlossen werden. Derjenige Vertragspartner, der keine erbrechtlichen Verfügungen trifft, kann sich jedoch durch einen Bevollmächtigten vertreten lassen. Die Person, die im Vertrag eine letztwillige Verfügung trifft, muss das 18. Lebensjahr vollendet haben. Weiteres siehe Seite 59.

Notar nimmt Erbvertrag in amtliche Verwahrung

Nach Abschluss des Erbvertrags nimmt der Notar diesen in amtliche Verwahrung; darüber erhalten die Vertragsparteien einen Hinterlegungsschein. Die Rücknahme aus der amtlichen Verwahrung berührt die Gültigkeit des Erbvertrags nicht. Die Vertragschließenden können auch die amtliche Verwahrung gegenüber dem Notar ausschließen.

Kosten

Die Beurkundung eines Erbvertrags kostet zwei volle Gebühren nach der Kostenordnung. Bei einem Nachlasswert von beispielsweise 150.000 Euro würde die Gebühr 564 Euro, bei einem Nachlasswert von 300.000 Euro 1.014 Euro, jeweils zuzüglich Mehrwertsteuer, betragen. Die Anfechtung eines Erbvertrags oder der Rücktritt vom Erbvertrag kosten jeweils eine halbe Gebühr nach der Kostenordnung. Bei einem Nachlasswert von 150.000 Euro würde die Gebühr 141 Euro, bei einem Nachlasswert von 300.000 Euro 253,50 Euro, jeweils zuzüglich Mehrwertsteuer, betragen.

Freie Verfügbarkeit des Erblassers

Schenkungen sind nicht zulässig, wenn sie dem Erben schaden sollen

Wenn Sie im Rahmen eines Erbvertrags eine Erbeinsetzung vorgenommen, ein Vermächtnis oder eine Auflage angeordnet haben, können Sie durch eine letztwillige Verfügung nichts anderes mehr hierzu bestimmen. Trotzdem können Sie natürlich zu Lebzeiten noch über Ihr Vermögen nach Belieben verfügen. Sie dürfen jedoch keine Schenkungen vornehmen, um dem im Erbvertrag eingesetzten Erben oder Vermächtnisnehmer zu schaden. Wenn dies dennoch geschieht, haben der Erbe bzw. Vermächtnisnehmer im Erbfall einen Herausgabeanspruch gegen den Beschenkten.

Rücktritt

Gesetzliches Rücktrittsrecht nur im Ausnahmefall

Bindende Verfügungen in einem Erbvertrag können natürlich im Einvernehmen mit dem Bedachten jederzeit wieder aufgehoben werden. Ein einseitiger Rücktritt vom Vertrag kommt nur in Betracht, wenn er im Erbvertrag vorgesehen ist oder wenn ein gesetzliches Rücktrittsrecht besteht. Letzteres kommt insbesondere in Betracht, wenn sich der Bedachte einer Verfehlung schuldig macht, die den Erblasser zur Entziehung des Pflichtteils berechtigen würde, wenn der Bedachte sein Abkömmling wäre; das wäre beispielsweise der Fall, wenn der Bedachte sich einer vorsätzlichen körperlichen Misshandlung des Erblassers schuldig gemacht oder ein Verbrechen oder ein schweres vorsätzliches Vergehen gegen den Erblasser begangen hat.

Erbvertrag wird unwirksam

Der Erbvertrag wird im Falle des Rücktritts einer Vertragspartei insgesamt unwirksam, wenn beide Vertragsparteien bindende Verfügungen getroffen haben. Und ein Rücktritt kann nur bis zum Tod eines der Vertragspartner erklärt werden.

3

Anfechtung

Gesetzliche Anfechtungsgründe

Wer in einem Erbvertrag eine letztwillige Verfügung getroffen hat, kann seine Entscheidung anfechten und damit rückgängig machen, wenn

- er sich über den Inhalt seiner Erklärung im Unklaren war und anzunehmen ist, dass er die Erklärung bei Kenntnis der Sachlage nicht abgegeben hätte (hierher gehört beispielsweise, dass er sich in der Identität einer Person geirrt hat oder dass er sich verschrieben hat),
- er die Verfügung bestimmt hat, weil er irrtümlich angenommen hat, dass bestimmte Umstände eintreten oder auch gerade nicht eintreten (z. B. wenn der Erblasser fälschlich davon ausgegangen ist, er werde nicht mehr heiraten).

Anfechtung bedarf notarieller Form

Die Anfechtung des Erbvertrags muss der Erblasser innerhalb eines Jahres persönlich vor dem Notar erklären; die Frist beginnt mit dem Zeitpunkt, in dem der Erblasser von dem Anfechtungsgrund Kenntnis erlangt.

Auf dieses sehr weitgehende Anfechtungsrecht können Sie zwar ausdrücklich verzichten, doch sollten Sie bedenken, dass unvorhergesehene Umstände eintreten können, die eine Lösung von erbvertraglichen Verfügungen notwendig machen könnten.

Scheidung der Ehe

Mit Ehescheidung wird Erbvertrag unwirksam

Ein Erbvertrag zwischen Ehepartnern wird mit rechtskräftiger Scheidung der Ehe unwirksam, aber auch schon, wenn der Erblasser die Scheidung beantragt oder ihr zugestimmt hat. Die Auflösung eines Verlöbnisses hat die Unwirksamkeit des Erbvertrags zwischen Verlobten zur Folge. Dagegen bleibt ein Erbvertrag zwischen den (nicht gleichgeschlechtlichen) Partnern einer nichtehelichen Lebensgemeinschaft auch bei Trennung der Partner wirksam. Für diesen Fall müsste also im Erbvertrag ein Rücktrittsrecht vorbehalten sein (siehe auch Seite 101).

Gemeinschaftliches Testament

Das gemeinschaftliche Testament ist eine Zwischenform zwischen Testament und Erbvertrag. Es kann nur von Ehegatten errichtet werden; in ihm werden Anordnungen sowohl für den Tod des einen wie für den Tod des anderen getroffen.

Inhalt

Wechselbezügliche Verfügungen

Ein gemeinschaftliches Testament kann dieselben Anordnungen wie ein Einzeltestament enthalten. Möglich sind jedoch – und hier liegt die entscheidende Besonderheit – so genannte wechselbezügliche Verfügungen. Der eine Ehegatte trifft eine Anordnung „im Hinblick darauf", dass auch der andere eine entsprechende Verfügung vornimmt. Beide Verfügungen stehen gewissermaßen im Gegenseitigkeitsverhältnis. Der typische Fall ist der, dass sich die Ehegatten wechselseitig zu Alleinerben einsetzen. Eine solche Wechselbezüglichkeit ist aber nur in Bezug auf Erbeinsetzungen (siehe Seite 73), Vermächtnisse (siehe Seite 79 ff.) und Auflagen (siehe Seite 81) möglich.

FORMULIERUNGSVORSCHLÄGE

Gemeinschaftliches Testament

Wir setzen uns gegenseitig zu unbeschränkten Alleinerben ein.

Wir, Franz und Ute Müller, setzen uns gegenseitig als Alleinerben ein. Erben des Längstlebenden sind unsere gemeinsamen Kinder Claudia und Friedrich.

Wir setzen uns gegenseitig zu unseren alleinigen Erben ein. Der überlebende Ehegatte ist nur Vorerbe. Nacherben sind unsere gemeinsamen Abkömmlinge zu gleichen Teilen.

Wir setzen uns gegenseitig zu befreiten Vorerben ein. Nacherben sind unsere gemeinsamen Kinder zu gleichen Teilen. Der Vorerbfall tritt bei Tod des Überlebenden ein.

Kosten

Die notarielle Beurkundung eines gemeinschaftlichen Testaments kostet zwei volle Gebühren nach der Kostenordnung. Bei einem Nachlasswert von beispielsweise 80.000 Euro würde die Gebühr 354 Euro, bei einem Nachlasswert von 200.000 Euro 714 Euro, jeweils zuzüglich Mehrwertsteuer, betragen. Die notarielle Beurkundung des Widerrufs eines gemeinschaftlichen Testaments kostet eine halbe Gebühr. Bei einem Nachlasswert von 80.000 Euro würde die Gebühr 88,50 Euro, bei einem Nachlasswert von 200.000 Euro 178,50 Euro, jeweils zuzüglich Mehrwertsteuer, betragen.

Widerruf

Besonderheiten gelten beim gemeinschaftlichen Testament für den Widerruf.

Gemeinschaftlicher Widerruf ist jederzeit möglich

Gemeinschaftlich können die Ehegatten ihr Testament jederzeit widerrufen. Allerdings müssen sie dabei zusammen handeln, also ein (gemeinschaftliches) Widerrufstestament errichten oder in einem neuen gemeinschaftlichen Testament abweichende Anordnungen treffen.

Widerruf durch einen Ehegatten

Will nur ein Ehegatte widerrufen, so kann er dies jederzeit tun, sofern keine wechselbezüglichen Verfügungen betroffen sind. Ist jedoch (wie in der Regel) letzteres der Fall, so kann der Widerruf nur in notarieller Form erfolgen; ferner muss die Widerrufserklärung dem anderen Ehegatten zugehen. Wird eine wechselbezügliche Verfügung durch einen der Ehepartner widerrufen, so hat dies automatisch die Unwirksamkeit der entsprechenden Verfügung des anderen Partners zur Folge.

Einseitige, also nicht wechselseitige Verfügungen in einem gemeinschaftlichen Testament können von jedem Ehepartner durch eine testamentarische Verfügung widerrufen werden.

Widerruf nach Tod des Ehegatten

Ist einer der Ehegatten verstorben, ist der Überlebende an den Inhalt des gemeinschaftlichen Testaments gebunden. Er kann also nicht mehr abweichende Anordnungen treffen. Diesen Effekt kann der überlebende Ehegatte nur dadurch vermeiden, dass er das Erbe ausschlägt. Erst danach gewinnt er wieder seine volle Entscheidungsfreiheit über das eigene Vermögen.

Scheidung der Ehe

Die Scheidung der Ehe führt grundsätzlich zur Unwirksamkeit des gemeinschaftlichen Testaments. Entsprechendes gilt, wenn der Erblasser die Scheidung beantragt oder ihr zugestimmt hat.

Scheidung führt zur Unwwirksamkeit

3

Erbverzicht

Haben Sie jemandem schon zu Lebzeiten Geld oder andere Vermögenswerte zukommen lassen, kann das Bedürfnis entstehen, diese Person aus dem Kreis der gesetzlichen Erben auszuschließen. Dies kann durch Erbverzicht erfolgen.

Verzichtender verliert sein gesetzliches Erbrecht

Vertrag

Jeder gesetzliche Erbe, also Verwandte sowie der Ehegatte des Erblassers, kann durch Vertrag mit dem Erblasser auf das gesetzliche Erbrecht verzichten. Auch der künftige Ehegatte kann verzichten, ebenso eine Person, die in einem Testament oder Erbvertrag als Erbe eingesetzt ist.

Der Erblasser kann den Vertrag nur persönlich schließen; der Verzichtende kann sich dagegen beim Abschluss des Verzichtsvertrags vertreten lassen.

Form

Der Erbverzichtsvertrag muss durch den Notar beurkundet werden. Dabei sollten Sie sich eingehend beraten

Notarielle Beurkundung notwendig

lassen, um die Folgen des Erbverzichts übersehen zu können.

Wirkungen

Mit der Wirksamkeit des Erbverzichtsvertrags verliert der Verzichtende sein künftiges Erbrecht. Er ist von der gesetzlichen Erbfolge ausgeschlossen, als wenn er zur Zeit des Erbfalls nicht mehr lebte. Er hat auch kein Pflichtteilsrecht.

Verzichtet jemand zugunsten eines anderen auf sein gesetzliches Erbrecht, so ist im Zweifel anzunehmen, dass der Verzicht nur gelten soll, wenn der andere Erbe wird. Ist dies nicht der Fall, dann ist der Verzicht gegenstandslos.

Erbverzicht betrifft auch Kinder des Verzichtenden

Verzichtet ein Abkömmling oder ein Seitenverwandter auf das gesetzliche Erbrecht, so wirkt sich sein Verzicht auch zulasten seiner Kinder aus. Im Vertrag kann allerdings zwischen dem Erblasser und dem Verzichtenden eine andere Regelung getroffen werden.

Verzichtender kann später als Erbe eingesetzt werden

Der Verzichtsvertrag hindert den Erblasser nicht daran, den Verzichtenden später im Testament oder Erbvertrag doch als Erben einzusetzen. Und ein geschlossener Verzichtsvertrag kann in beiderseitigem Einvernehmen wieder aufgehoben werden; dies bedarf der notariellen Form.

Gestaltungsmöglichkeiten im Testament und Erbvertrag

Erblasser kann verschiedene Verfügungen treffen

In einem Testament oder einem Erbvertrag können Sie verschiedene Verfügungen treffen. Insbesondere können Sie bestimmen, wer Erbe werden oder nicht erben, wer ersatzweise erben, ob eine Vor- und Nacherbschaft eintreten soll, ob ein Testamentsvollstrecker eingesetzt wird, wie der Nachlass unter mehreren Erben verteilt werden, ob bestimmten Personen ein Vermächtnis zustehen soll oder ob den Erben bestimmte Verpflichtungen auferlegt werden sollen.

Erbeinsetzung und Enterbung

Wen Sie als Erben einsetzen, ist zunächst einmal Ihre ganz persönliche Entscheidung. Allerdings sollten Sie bestimmte rechtliche Gegebenheiten beachten, um für Ihre spezielle Situation die richtige Entscheidung treffen zu können.

Grundsätzlich kann jede Person – unabhängig vom Alter, Geschlecht oder von der Staatszugehörigkeit – zum Erben bestimmt werden. Dem Erblasser steht frei, bestimmte Kinder zu bevorzugen oder zu enterben. Auch der nichteheliche Lebenspartner kann Erbe sein, und zwar selbst dann, wenn er selbst oder der Partner noch verheiratet ist (siehe auch Seite 98 f.).

Heimträger oder Bedienstete können nicht als Erbe eingesetzt werden

Der das Testament beurkundende Notar darf allerdings nicht selbst bedacht werden. Und wer in einem Altenwohnheim wohnt, kann in keinem Fall den Träger des Heims oder einzelne Bedienstete als Erben einsetzen. Auch Zivildienstleistende dürfen nur mit Zustimmung der für sie zuständigen Behörde bedacht werden.

Tier kann nicht Erbe sein

Nicht als Erbe eingesetzt werden kann ein Tier. Ein entsprechendes Testament wäre daher unwirksam. Allerdings könnte der Erblasser den Tierschutzverein als Erben bestimmen und in diesem Zusammenhang dann Anordnungen für die Betreuung des Tieres treffen.

Enterbung erstreckt sich in der Regel nicht auf Nachkommen

Dem Erblasser steht es nicht nur frei, von der gesetzlichen Erbfolge in der Weise abzuweichen, dass er eine andere Person zum Erben bestimmt, er kann auch einen Verwandten, den Ehegatten oder den Lebenspartner von der gesetzlichen Erbfolge ausschließen, ohne weitere Bestimmungen über die Erbfolge zu treffen. Die Enterbung einer bestimmten Person erstreckt sich in der Regel nicht auf deren Nachkommen; diese treten vielmehr an die Stelle des Ausgeschlossenen. Die Enterbung des Ehegatten oder bestimmter Verwandter (z. B. Abkömmlinge) führt jedoch dazu, dass sie einen Pflichtteilsanspruch geltend machen können (siehe Seite 87 ff.).

FORMULIERUNGSVORSCHLÄGE

Enterbung

Meinen Sohn Karl enterbe ich.

Meine Ehefrau Margot schließe ich von der Erbschaft aus.

Meine Tochter Heidrun soll nichts bekommen. Auch ihre Nachkommen sollen nicht meine Erben sein.

Ersatzerbe

Eingesetzter Erbe kann aus irgendeinem Grund wegfallen

Zwischen der Errichtung eines Testaments und dem Erbfall kann viel Zeit vergehen. Deshalb sollten Sie auch den Fall bedenken, dass eine zum Erben eingesetzte Person vor dem Erbfall verstirbt oder das Erbe ausschlägt. Diesem Umstand können Sie dadurch Rechnung tragen, dass Sie im Testament einen so genannten Ersatzerben bestimmen. Der Ersatzerbe wird Erbe, wenn der ursprünglich als Erbe Berufene vor oder nach dem Eintritt des Erbfalls wegfällt. Ist zweifelhaft, ob jemand als Ersatzerbe oder als Nacherbe (siehe unten) eingesetzt ist, so gilt er als Ersatzerbe.

FORMULIERUNGSVORSCHLAG

Ersatzerbe

Ich setze meine Frau Jutta und meine Kinder Ralf und Bernhard zu meinen Erben ein. Als Ersatzerben bestimme ich für meine Frau Jutta meine Schwester Heike.

3

Vor- und Nacherbschaft

Eingesetzter Nacherbe ist endgültiger Erbe

Wer vom Erblasser als Erbe eingesetzt ist, kann im Normalfall frei über das ererbte Vermögen verfügen; er kann dieses auch nach seinem Belieben wieder vererben. Für den Erblasser kann allerdings auch das Bedürfnis bestehen, den Verbleib seines Vermögens über verschiedene Erben nacheinander zu steuern.

Wer daran interessiert ist, dass sein Nachlass nicht in falsche Hände gerät, sinnvoll verwaltet und weitervererbt wird, hat die Möglichkeit, eine Vor- oder Nacherbschaft anzuordnen. So können Sie im Testament oder im Erbvertrag bestimmen, dass jemand erst dann Erbe wird, „nachdem zuerst ein anderer Erbe geworden ist". So können Sie den Verbleib Ihres Vermögens über mehrere Generationen oder verschiedene Erben nacheinander steuern. Der erste Erbe wird „Vorerbe", der zweite „Nacherbe" genannt.

FORMULIERUNGSVORSCHLÄGE

Vor- und Nacherbschaft

Zu meinem alleinigen Erben setze ich meine Frau Anka ein. Sie soll jedoch nur Vorerbin sein. Nacherbin beim Tod meiner Frau soll meine Nichte Katrin sein.

Meinen Sohn Johannes setze ich zu meinem Vorerben ein. Er soll von allen gesetzlichen Beschränkungen und Verpflichtungen befreit sein, soweit dies gesetzlich zulässig ist. Zum Nacherben berufe ich meine Schwester Paula.

Meine Frau Nicole setze ich als Vorerbin ein. Mein Sohn Jochen ist Nacherbe. Der Nacherbfall tritt ein, wenn Jochen 21 Jahre alt geworden ist.

Für die Anordnung einer Vor- und Nacherbschaft können gleich mehrere Gründe maßgebend sein:

Überschuldung des Vorerben

- So kann es im Falle der Überschuldung des Vorerben sinnvoll sein, Nacherben zu bestimmen, da dann die Eigengläubiger des Vorerben nicht in den Nachlass vollstrecken können.

Geschiedene Eheleute

- Geschiedene Eheleute können ein Interesse daran haben, ihre Kinder als Erben einzusetzen, gleichzeitig aber verhindern wollen, dass bei deren Tod ohne Abkömmlinge der geschiedene Ehegatte Erbe wird.
- Der Erblasser, der nicht seinen Kindern, sondern seinen Enkeln seinen Nachlass überlassen will, kann seine Kinder als Vorerben und die Enkel als Nacherben einsetzen.

Grundsätzlich muss eine Nacherbfolge innerhalb von 30 Jahren eintreten, damit sie nicht unwirksam wird.

Im Normalfall, wenn Sie also nichts anderes verfügt haben, dürfte der Übergang des Vermögens auf den zweiten Erben beim Tod des zu erst Erbenden erfolgen. Sie haben aber auch die Möglichkeit, den Nacherbfall zu einem bestimmten Zeitpunkt (z. B. zum 1.1.2006) eintreten zu lassen oder ihn von einem bestimmten Ereignis abhängig zu machen (z. B. wenn der Sohn sein Examen bestanden hat).

Erblasser kann Eintritt des Nacherbfalls bestimmen

Der Vorerbe wird zwar Erbe des gesamten Nachlasses, er wird Eigentümer der Grundstücke und ihm stehen auch alle Erträge des Nachlasses zu, gesetzlich ist er jedoch gewissen Verfügungsbeschränkungen unterworfen:

Vorerbe unterliegt Verfügungsbeschränkungen

3

- So darf der Vorerbe aus dem Nachlass keine Schenkungen machen, es sei denn, dass dadurch „einer sittlichen Pflicht oder einer auf den Anstand zu nehmenden Rücksicht entsprochen wird" (z. B. Geburtstags- oder Weihnachtsgeschenke). Nimmt der Vorerbe trotzdem eine Schenkung vor, dann ist diese bei Eintritt des Nacherbfalls dem Nacherben gegenüber unwirksam.
- Der Vorerbe darf nicht über Grundstücke verfügen, er darf diese also weder veräußern noch belasten.

Zwar darf der Vorerbe den Nachlass auf eigene Rechnung nutzen, dessen Substanz muss er allerdings für den Nacherben erhalten. Deshalb fällt auch das, was der Vorerbe mit Mitteln des Nachlasses erwirbt, in den Nachlass. Gleiches gilt, wenn eine Sache zerstört wurde und Ersatzansprüche (z. B. gegen die Versicherung) bestehen.

Sie können den Vorerben aber auch von bestimmten gesetzlichen Beschränkungen und Verpflichtungen befreien; dann spricht man vom „befreiten Vorerben" (siehe Formulierungsvorschlag auf Seite 76). Ihm kann das

Erblasser kann Vorerben von gesetzlichen Beschränkungen befreien

Recht eingeräumt werden, ohne Zustimmung des Nacherben über Grundstücke zu verfügen. Ferner kann der Vorerbe von bestimmten gesetzlichen Verpflichtungen befreit werden, so beispielsweise Bargeld mündelsicher anlegen zu müssen. In keinem Fall aber darf auch der befreite Vorerbe unentgeltlich über Erbschaftsgegenstände verfügen, soweit die Schenkung nicht einer sittlichen Pflicht oder einer auf den Anstand zu nehmenden Rücksicht entspricht. Eine dem entgegenstehende Bestimmung des Erblassers ist unwirksam.

Nacherbe beerbt den Erblasser

Der Nacherbe wird Erbe erst mit dem Eintritt des Nacherbfalls. Allerdings beerbt er dann nicht den Vorerben, sondern den Erblasser. Sein Nacherbrecht erstreckt sich im Zweifel auf den gesamten Nachlass, so wie er dem Vorerben anfällt.

Fällt der Nacherbe vor dem Vorerben weg (z. B. durch Tod oder Ausschlagung der Nacherbschaft), so wird der Vorerbe Vollerbe. Allerdings kann der Erblasser durch Verfügung von Todes wegen einen Ersatz-Nacherben bestimmen.

Zweimal Erbschaftsteuer fällig

Erbschaftsteuerlich ist zu beachten, dass sowohl beim Übergang des Nachlasses auf den Vorerben als auch beim Übergang auf den Nacherben Erbschaftsteuer anfällt. Allerdings sind zwei Besonderheiten zu beachten:

- Der Nacherbe kann verlangen, in die Steuerklasse eingeordnet zu werden, die seinem Verhältnis zum Erblasser entspricht.
- Und wenn der Nacherbfall schon vor dem Tod des Vorerben eingetreten ist, kann die gezahlte Erbschaftsteuer teilweise angerechnet werden.

Vermächtnis

Mit einem Vermächtnis können Sie in einem Testament oder Erbvertrag jemandem einen Vermögensvorteil zuwenden, ohne ihn als Erben einzusetzen. Als „Vermögensvorteil" kommen insbesondere

Vermächtnisnehmer ist nicht Erbe

- die Auszahlung eines bestimmten Geldbetrags,
- die Verschaffung von Eigentum (z. B. Briefmarkensammlung) oder
- die Einräumung eines Nutzungsrechts (Nießbrauch)

in Betracht.

3

FORMULIERUNGSVORSCHLÄGE

Vermächtnis

Meinem Enkel Justus vermache ich meine Briefmarkensammlung.

Mein Freund Sepp erhält nach meinem Tod mein Motorrad.

Meiner Haushälterin Hanna vermache ich den Nießbrauch an meiner Eigentumswohnung in Hamburg.

Mein Bruder Wilhelm erhält nach meinem Tod einen Geldbetrag in Höhe von 5.000 Euro.

Abgrenzung: Erbeinsetzung / Vermächtnis

Wenn sich ein Vermächtnis auf einen sehr wertvollen Gegenstand bezieht, der den größten Teil des Vermögens ausmacht, kann es schwierig sein, zu beurteilen, ob ein Vermächtnis oder eine Erbeinsetzung gewollt ist. Nicht so wichtig ist in solchen Fällen in der Regel die Wortwahl („vermachen" oder „vererben") des Erblassers im Testament oder im Erbvertrag. Für die Abgrenzung, ob eine Erbeinsetzung oder ein Vermächtnis vorliegt, ist vielmehr der Wille des Erblassers maßgebend: Wer einem anderen sein Vermögen oder einen Bruchteil davon zuwendet, will ihn im Zweifel als Erben einsetzen, wer ihm nur einzelne Gegenstände hinterlassen will, beabsichtigt im Zweifel ein Vermächtnis.

Vermächtnisnehmer erwirbt Anspruch gegen Erben

Während der Erbe in die Fußstapfen des Erblassers tritt und damit der Nachlass im Wege der Gesamtrechtsnachfolge auf ihn übergeht, wird der Vermächtnisnehmer mit dem Eintritt des Erbfalls nicht automatisch Eigentümer des vermachten Gegenstands; er muss vielmehr seinen Anspruch gegen den oder die Erben durchsetzen. Das Vermächtnis ist also dann die richtige Bestimmung des Erblassers, wenn er einer Person aus dem Nachlass etwas zukommen lassen, sie aber nicht als Erbe und damit Gesamtrechtsnachfolger einsetzen will.

Vermächtnis ist in verschiedenen Formen möglich

In der Praxis sind Vermächtnisse, die auf einen bestimmten Geldbetrag oder Gegenstand gerichtet sind, sicherlich die bedeutendsten. Möglich ist es auch, den Erben zu verpflichten, eine bestimmte Sache erst zu beschaffen und sie dem Vermächtnisnehmer zu übereignen. Ein solches „Verschaffungsvermächtnis" liegt vor, wenn beispielsweise der Erbe im Testament verpflichtet wird, einer bestimmten Person eine Eigentumswohnung zu kaufen. Auch Erben können mit einem Vermächtnis bedacht werden. Ein derartiges „Vorausvermächtnis" wird in der Regel einem von mehreren Miterben zugedacht (Beispiel: Der mit einem Drittel an der Erbschaft beteiligte Sohn soll die Briefmarkensammlung des Erblassers ohne Anrechnung auf seinen Erbteil erhalten).

Vermächtnis belastet die Erben

Mit einem Vermächtnis wird in der Regel der Erbe belastet. Gegen ihn hat der Vermächtnisnehmer einen Anspruch auf Übereignung des vermachten Gegenstands.

Sind mehrere Erben mit demselben Vermächtnis beschwert, so sind sie Gesamtschuldner des Vermächtnisnehmers.

Auch ein „Ersatzvermächtnisnehmer" kann eingesetzt werden

Vermächtnisnehmer kann jede natürliche oder juristische Person (z. B. eingetragener Verein) sein. Anders als der Erbe muss der Vermächtnisnehmer beim Erbfall nicht einmal erzeugt sein; auch erhoffte Enkel können also bedacht werden. Dem Erblasser steht es auch frei, für den Fall, dass der Vermächtnisnehmer zum Zeitpunkt seines Todes nicht mehr lebt oder das Vermächtnis ausschlägt, einen „Ersatzvermächtnisnehmer" einzusetzen. Das Gesetz räumt dem Erblasser sogar einen Spielraum dahingehend ein, dass er die Person des Begünstigten nicht definitiv festlegen muss, sondern lediglich einen klar abgegrenzten und überschaubaren Kreis begünstigter Personen benennen muss. Aus diesem Personenkreis kann dann der mit dem Vermächtnis belastete Erbe oder ein Dritter den Vermächtnisnehmer auswählen.

Für Vermächtnis wird Erbschaftsteuer fällig

Was jemand aufgrund eines Vermächtnisses erwirbt, unterliegt der Erbschaftsteuer. Dabei ist aber nicht der Wert der Forderung gegen den Nachlass, sondern der vermachte Gegenstand maßgebend. So können insbesondere bei Grundstücken der steuerliche Wert und der Verkehrswert des Grundstücks auseinanderfallen; erbschaftsteuerlich von Bedeutung ist in diesem Fall dann der gegenüber dem Verkehrswert niedrigere Grundstückswert.

Auflage

Auflage verpflichtet zu einem bestimmten Tun alles unterlassen

Ein Testament oder ein Erbvertrag kann eine Auflage enthalten. So können Sie den Erben oder Vermächtnisnehmer verpflichten, etwas bestimmtes zu tun (z. B. Grabpflege oder Betreuung eines Tieres) oder zu unterlassen (z. B. Widerruf einer Vollmacht oder Verkauf des Hauses).

FORMULIERUNGSVORSCHLÄGE

Auflage

Mein Erbe Johann ist verpflichtet, an einen Tierschutzverein 5.000 Euro zu zahlen.

Meine Erbin Hilde ist verpflichtet, sich um meinen Hund Barry zu kümmern und ihn angemessen zu versorgen.

Meiner Erbin Renate mache ich zur Auflage, mein Grab zu pflegen.

Auflage ist für den Erben bindend

Die Auflage ist für den Erben bindend. Die Vollziehung der Auflage kann derjenige verlangen, welchem der Wegfall des mit der Auflage zunächst Beschwerten unmittelbar zustatten kommen würde. Dies sind die Miterben, aber insbesondere auch jene Personen, die beispielsweise bei einer Ausschlagung an die Stelle des Erben treten würden. Und wenn die Durchführung der Auflage im öffentlichen Interesse liegt (z. B. Bau), kann auch die zuständige Behörde die Vollziehung verlangen.

Was durch eine Auflage erworben wird, unterliegt der Erbschaftsteuer.

Testamentsvollstreckung

Sie können im Testament oder Erbvertrag einen Testamentsvollstrecker ernennen. Dies können Sie aber auch einem Dritten überlassen. Wichtig ist, dass eine Person zum Testamentsvollstrecker bestimmt wird, zu der Sie ein absolutes Vertrauen haben. Bei einem größeren Vermögen, dessen Verwaltung eine besondere Sachkunde erfordert, kann es sinnvoll sein, mehrere Personen als Testamentsvollstrecker zu bestimmen. Auch ein Miterbe kann Testamentsvollstrecker werden.

Absoluters Vertrauen ist wichtig

FORMULIERUNGSVORSCHLÄGE

Einsetzung eines Testamentsvollstreckers

Ich ordne für meinen Nachlass Testamentsvollstreckung an. Zum Testamentsvollstrecker ernenne ich Adolf Müller.

Ich setze meine Kinder Franz und Johanna zu gleichen Teilen zu meinen Erben ein. Meine Schwester Hanna soll dafür sorgen, dass das Vermögen unter ihnen gerecht verteilt wird.

Die Testamentsvollstreckung ist ein wichtiges Mittel, um zu gewährleisten, dass Anordnungen in einem Testament oder Erbvertrag befolgt werden. Insbesondere dann, wenn dort Bestimmungen enthalten sind, die einer Vollziehung bedürfen, kann eine Testamentsvollstreckung sinnvoll sein. Welche Aufgaben der Testamentsvollstrecker hat, bestimmen Sie im Testament oder Erbvertrag. In der Regel hat er die letztwilligen Verfügungen des Erblassers auszuführen. Seine Aufgabe kann in der Abwicklung von Anordnungen (Auseinandersetzung unter mehreren Miterben, Erfüllung von Vermächtnissen und Auflagen), aber auch in der län-

Testamentsvollstrecker gewährleistet Befolgung der Anordnungen des Erblassers

gerfristigen Verwaltung des Nachlasses liegen. An Weisungen der Erben ist der Testamentsvollstrecker nicht gebunden.

Ordnungsgemäße Verwaltung des Nachlasses

Der Testamentsvollstrecker hat den Nachlass ordnungsgemäß zu verwalten. Anordnungen, die der Erblasser dazu in der letztwilligen Verfügung getroffen hat, können jedoch auf Antrag des Testamentsvollstreckers oder eines anderen Beteiligten vom Nachlassgericht außer Kraft gesetzt werden, wenn ihre Befolgung den Nachlass erheblich gefährden würde. Insbesondere ist er berechtigt, den Nachlass in Besitz zu nehmen und über die Nachlassgegenstände zu verfügen. Er darf, Verbindlichkeiten für den Nachlass eingehen, soweit dies zur ordnungsgemäßen Verwaltung erforderlich ist. Zu Schenkungen ist der Testamentsvollstrecker nicht berechtigt, soweit es nicht um die Erfüllung „einer sittlichen Pflicht" (z. B. Unterhalt an einen vermögenslosen Verwandten) oder um eine „auf den Anstand zu nehmende Rücksicht" (z. B. Geburtstagsgeschenk) geht.

Nach der Annahme seines Amtes hat der Testamentsvollstrecker unverzüglich ein Verzeichnis der seiner Verwaltung unterliegenden Nachlassgegenstände und der bekannten Nachlassverbindlichkeiten mitzuteilen. Er hat Nachlassgegenstände, die er zur Erfüllung seiner Obliegenheiten offenbar nicht benötigt, den Erben auf Verlangen zur freien Verfügung zu überlassen. Sein Recht zur Verwaltung der Gegenstände erlischt damit.

Auskunfts- und Rechenschaftspflicht

Der Erbe kann vom Testamentsvollstrecker umfassende Auskunft und Rechenschaft verlangen. Er kann beim Nachlassgericht beantragen, den Testamentsvollstrecker seines Amtes zu entheben, wenn er meint, dass dieser seine Pflichten verletzt habe. Entsteht dem Erben durch das Verhalten des Testamentsvollstreckers ein Schaden, kann er Schadensersatz verlangen.

Für seine Tätigkeit kann der Testamentsvollstrecker eine angemessene Vergütung verlangen, soweit der Erblasser nichts anderes festgelegt hat. Im Falle der Abwicklung des Nachlasses dürfte bei niedrigen Nachlässen ein Satz von 7,5 %, bei hohen Nachlässen ein Satz von 1 % angemessen sein. Bei einer Dauervollstreckung hängt die Vergütung von den gesamten Umständen des Erbfalls ab. In der Regel wird in solchen Fällen eine laufende, nach dem Jahresbetrag der Einkünfte zu zahlende Vergütung zwischen 2 bis 4 % oder von $1/3$ bis $1/2$ % des Nachlassbruttowerts angemessen sein. Zwar kann der Erblasser im Testament oder Erbvertrag eine unentgeltliche Amtsführung vorsehen, in diesem Fall besteht jedoch die Gefahr, dass der eingesetzte Testamentsvollstrecker das Amt ablehnt.

Dem Testamentsvollstrecker steht angemessene Vergütung zu

Zu den Aufgaben des Testamentsvollstreckers gehört auch die Abgabe der Erbschaftsteuererklärung. Die Kosten der Testamentsvollstreckung können vom Nachlasswert nur insoweit abgesetzt werden, als sie die Abwicklung betreffen. Anders ist dies bei den Kosten, die später bei der Dauervollstreckung anfallen.

Testamentsvollstrecker obliegt Abgabe der Erbschaftssteuererklärung

Teilungsanordnung, Teilungsverbot

Wenn Sie mehrere Personen als Erben einsetzen, so bilden diese eine Erbengemeinschaft. unter den Erben aufgeteilt. Die Verteilung des Nachlasses kann unter den Miterben zu erheblichem Streit führen. Sogar gerichtliche Auseinandersetzungen sind häufig die Folge. Dem kann der Erblasser begegnen, indem er im Testament oder Erbvertrag Bestimmungen über die Aufteilung des

Nachlasses unter den Erben verfügt. Eine solche Verfügung bezeichnet man als „Teilungsanordnung". Sie können im Testament oder Erbvertrag aber auch Bestimmungen über die Aufteilung des Nachlasses unter den Erben verfügen (Teilungsanordnung).

FORMULIERUNGSVORSCHLAG

Teilungsanordnung

Zu meinen Erben setze ich meine Frau Elisabeth und meinen Sohn Rolf ein. Ich ordne die nachfolgende Teilung an: Meine Frau Elisabeth erhält das Hausgrundstück Rosenstraße 5. Mein Sohn Rolf erhält meine Aktien. Wenn das Anwesen einen höheren Wert haben sollte, ist dieser Wert auszugleichen.

Eine Teilungsanordnung ändert nichts an den Bruchteilen, zu denen ein Miterbe am Nachlass beteiligt ist. Ein etwaiger Mehrwert des zugewiesenen Gegenstands wäre also gegenüber den Miterben auszugleichen.

Erben können andere Verteilung vornehmen

Nach dem Erbfall kann jeder Miterbe von den übrigen verlangen, dass entsprechend den Bestimmungen des Erblassers verfahren wird. Allerdings sind die Erben, wenn sie sich einig sind, nicht gehindert, eine andere Verteilung des Nachlasses vorzunehmen. Wenn Sie das verhindern wollen, können Sie einen Testamentsvollstrecker einsetzen.

Teilungsverbot für höchstens 30 Jahre

Sie können im Testament oder Erbvertrag auch die Auseinandersetzung unter den Miterben verbieten. Motiv für ein solches Teilungsverbot kann sein, dass wirtschaftliche Werte durch eine Aufteilung nicht zerschlagen werden. Ein Teilungsverbot kann nur für die Dauer von

30 Jahren wirksam bestimmt werden. Die Miterben können sich, wenn sie sich einig sind, über das Teilungsverbot hinwegsetzen. Wollen Sie das verhindern, müssen Sie eine Testamentsvollstreckung anordnen.

Probleme bei Teilungsanordnung oder -verbot

Bedenken Sie, dass eine Teilungsanordnung oder ein Teilungsverbot schnell zu Konflikten unter den Miterben führen können: So kann bei einer Teilungsanordnung unter den Miterben Streit wegen des Werts der zu übertragenden Nachlassgegenstände entstehen. Ein Teilungsverbot kann dagegen zu einem dauernden Unfrieden wegen der Nutzung des Nachlasses führen. Bei einer Teilungsanordnung bzw. einem Teilungsverbot sollten Sie sich deshalb bei der Errichtung des Testaments bzw. des Abschlusses des Erbvertrags über die Folgen eingehend beraten lassen.

Pflichtteilsansprüche berücksichtigen

Beschränkung der Testierfreiheit des Erblassers

Jede Person hat das Recht, nach freiem Belieben Anordnungen über ihr Vermögen nach dem Tod zu treffen. Sie können durch Testament oder Erbvertrag den oder die Erben bestimmen, aber auch Ihre Verwandten oder den Ehegatten von der gesetzlichen Erbfolge ausschließen. Diese Testierfreiheit wird allerdings beschränkt durch den so genannten Pflichtteil, mit dem das Gesetz den nächsten Familienangehörigen einen Mindestanteil am hinterlassenen Vermögen garantieren will.

Pflichtteilsberechtigte Personen

Abkömmlinge, Eltern, Ehegatte

Einen Pflichtteil kann nur beanspruchen, wer durch Testament oder Erbvertrag von der Erbfolge ausgeschlossen ist. Pflichtteilsberechtigt sind nur Ihre Abkömmlinge (Kinder, Enkel, Urenkel), Eltern und Ihr überlebender Ehegatte. Entferntere Nachkommen wie die Enkel und

3

die Eltern des Erblassers sind jedoch nicht pflichtteilsberechtigt, wenn noch nähere Abkömmlinge leben, die diese Personen im Fall der gesetzlichen Erbfolge ausschließen. Ehegatten steht kein Erbrecht und damit auch kein Pflichtteilsrecht zu, wenn zum Zeitpunkt des Todes des Erblassers die Voraussetzungen für eine Scheidung vorlagen und der Erblasser die Scheidung beantragt oder ihr zugestimmt hatte.

Kein Pflichtteilrecht

Unter keinen Umständen pflichtteilsberechtigt sind entferntere Verwandte wie Geschwister, Onkel, Tanten, Neffen oder Nichten; und auch der nichteheliche Lebenspartner des Erblassers kann keinen Pflichtteil beanspruchen.

Ausschlagung der Erbschaft

Nicht pflichtteilsberechtigt sind auch Personen, die die Erbschaft ausgeschlagen haben. Von diesem Grundsatz gibt es zwei wichtige Ausnahmen:

- So kann der überlebende Ehegatte die Erbschaft ausschlagen und neben dem Ausgleich des Zugewinns den Pflichtteil verlangen.
- Ein Pflichtteilsberechtigter, der als Miterbe mehr als den Pflichtteil erhalten soll, aber durch eine Beschränkung im Testament oder durch eine „Beschwerung" belastet wird (z. B. Anordnung der Testamentsvollstreckung), kann die Erbschaft ausschlagen und den Pflichtteil verlangen.

Höhe des Pflichtteils

Hälfte des gesetzlichen Erbteils

Der Pflichtteil beträgt die Hälfte des gesetzlichen Erbteils.

Beispiel:

Hinterlässt der unverheiratete Peter Paulus drei Kinder, dann würde im Wege der gesetzlichen Erbfolge jedes Kind ein Drittel des Nachlasses erhalten. Wurde ein Kind enterbt, dann steht diesem Kind ein Pflichtteilsanspruch von einem Sechstel gegen die Erben zu. Die beiden anderen Kinder erben zusätzlich zu ihrem Drittel jeweils ein Zwölftel.

Der Pflichtteilsanspruch ist aber nur ein gewöhnlicher Geldanspruch gegen die Erben; am Nachlass selbst hat der Pflichtteilsberechtigte keinen Anteil.

Für Ehegatten kann Auschlagung der Erbschaft sinnvoll sein

Unter Umständen kann es für den überlebenden Ehegatten sinnvoll sein, die Erbschaft auszuschlagen und den realen Ausgleich des Zugewinns zu verlangen. Ist nämlich der Zugewinn des Verstorbenen größer als der des überlebenden Ehegatten, dann steht dem hinterbliebenen Ehegatten die Hälfte des Überschusses des Verstorbenen als Ausgleichsforderung zu. Zusätzlich kann dann noch der überlebende Ehegatte seinen Pflichtteil von einem Achtel des Nachlasses verlangen. Damit kann die Ausgleichsforderung aus der Beendigung der Zugewinngemeinschaft zusammen mit dem Pflichtteil höher sein als der dem überlebenden Ehegatten zustehende gesetzliche Erbteil mit der pauschalen Abgeltung des Zugewinns mit einem Viertel des Nachlasses.

Entstehung und Fälligkeit

Anspruch entsteht mit Erbfall

Der Pflichtteilsanspruch entsteht mit dem Erbfall; er ist vererblich und übertragbar. Er verjährt in drei Jahren von dem Zeitpunkt an, in welchem der Pflichtteilsberechtigte vom Tod des Verstorbenen und seiner Enterbung erfährt.

Pflichtteilsentziehung

Entziehung des Pflichtteils nur im Ausnahmefall

Der den nahen Verwandten und dem Ehegatten zustehende Pflichtteil kann durch Testament oder Erbvertrag nur unter ganz engen Voraussetzungen, entzogen werden. Der Grund dafür muss in der Verfügung angegeben werden; er muss zur Zeit der Errichtung der Verfügung bestehen und darf nicht zu Lebzeiten des Erblassers weggefallen sein.

Die Entziehung des Pflichtteils kommt nur in seltenen Fällen in Betracht:

Abkömmling Eltern

Einem Abkömmling bzw. seinem Vater oder seiner Mutter kann der Erblasser den Pflichtteil dann entziehen, wenn diese

- ihm, seinem Ehegatten oder einem seiner anderen Abkömmlinge nach dem Leben trachten,
- sich eines Verbrechens oder eines schweren vorsätzlichen Vergehens gegen ihn oder seinen Ehegatten schuldig machen,
- ihm gegenüber gesetzlich obliegende Unterhaltspflichten böswillig verletzen.

Einem Nachkommen kann der Erblasser den Pflichtteil darüber hinaus auch dann entziehen, wenn

- dieser sich einer vorsätzlichen körperlichen Misshandlung des Erblassers oder dessen Ehegatten schuldig macht (im Falle der Misshandlung des Ehegatten jedoch nur, wenn der Abkömmling von diesem abstammt),
- dieser einen „ehrlosen oder unsittlichen Lebenswandel" wider den Willen des Erblassers führt (z. B. Erbe arbeitet als Zuhälter oder Rauschgifthändler).

Seinem Ehegatten kann der Erblasser den Pflichtteil entziehen, wenn dieser

Ehegatte

- ihm oder einem seiner Abkömmlinge nach dem Leben trachtet,
- ihn vorsätzlich körperlich misshandelt,
- sich eines Verbrechens oder eines schweren vorsätzlichen Vergehens gegen ihn schuldig macht,
- die ihm gegenüber gesetzlich obliegende Unterhaltspflicht böswillig verletzt.

Das Recht zur Entziehung des Pflichtteils erlischt durch Verzeihung. Im Streitfall hat derjenige, der die Entziehung geltend macht, den Grund dafür zu beweisen.

Pflichtteilsbeschränkung

Verfügungsmöglichkeit über Pflichtteil wird eingeschränkt

Sie können einem Abkömmling auch den Pflichtteil beschränken: wenn er solch einen verschwenderischen Lebenswandel führt oder in einem solchen Maß überschuldet ist, dass sein späterer Lebensunterhalt erheblich gefährdet ist. In diesem Fall kann der Vater oder die Mutter „in guter Absicht" die Verfügungsmöglichkeit des Kindes über den Pflichtteil einschränken und ihm damit die Einkünfte aus dem vererbten Vermögen erhalten. Der Erblasser kann auch für die Lebenszeit des Abkömmlings die Verwaltung einem Testamentsvollstrecker übertragen; in diesem Fall hat der Abkömmling Anspruch auf den jährlichen Reinertrag.

Testament oder Erbvertrag notwendig

Die Pflichtteilsbeschränkung kann nur in einem Testament oder Erbvertrag erfolgen; der Grund der Beschränkung muss ausdrücklich angegeben werden.

Die Beschränkung ist unwirksam, wenn sich der Abkömmling zur Zeit des Erbfalls dauernd von dem verschwenderischen Leben abgewendet hat oder die den Grund der Anordnung bildende Überschuldung nicht mehr besteht.

Verzicht auf den Pflichtteil

Notarielle Form erforderlich

Im Einzelfall kann das Bedürfnis bestehen, dass ein Pflichtteilsberechtigter auf seinen Pflichtteil verzichtet. Durch Vertrag kann dann der Pflichtteilsberechtigte seinen Anspruch auf den Pflichtteil verlieren. Der Verzichtsvertrag muss vom Erblasser persönlich vor dem Notar abgeschlossen werden.

Der Verzicht auf das gesetzliche Erbrecht umfasst automatisch das Pflichtteilsrecht, kann dieses aber auch ausdrücklich ausnehmen. Der Verzichtsvertrag kann ebenso allein auf das Pflichtteilsrecht beschränkt werden.

Versorgung des überlebenden Ehegatten

Wenn sich Ehepartner vorrangig für den Fall des Todes absichern wollen, kommen insbesondere

- das Berliner Testament,
- die Vor- und Nacherbschaft und
- das Nießbrauchsvermächtnis

in Betracht.

Berliner Testament

Wechselseitige Einsetzung zu Alleinerben

Mit dem so genannten Berliner Testament setzen sich beide Ehegatten wechselseitig zu Alleinerben ein und bestimmen, dass nach dem Tod des Überlebenden der beiderseitige Nachlass an einen Dritten fallen soll, in der Regel an die Kinder. In diesem Fall ist im Zweifel anzunehmen, dass die Kinder dann für den gesamten Nachlass als Erbe des zuletzt versterbenden Ehegatten eingesetzt sind.

FORMULIERUNGSVORSCHLAG

Berliner Testament

Wir, Heinz und Gertrud Maier, setzen uns wechselseitig zu Alleinerben ein. Nach dem Tod des Längerlebenden sollen unsere gemeinsamen Kinder Silke und Werner je zur Hälfte Erbe werden.

Überlebender Ehegatte wird Vollerbe

In diesem Fall geht der Nachlass des Erstversterbenden zunächst an den überlebenden Ehegatten; dieser wird Vollerbe. Nach dem Tod des Letztversterbenden geht der gesamte Nachlass auf die eingesetzten Dritten über. Diese beerben dann nicht nur den Erstversterbenden, sondern den überlebenden Ehegatten als Schlusserbe.

Ehegatte ist Alleinerbe

Der überlebende Ehegatte als Alleinerbe ist an keine Beschränkungen gebunden. Allerdings kann er kein Testament mehr errichten, das an den vorhandenen Anordnungen etwas ändert.

Sinnvoll ist es, im Testament auch eine Bestimmung für den Fall des gleichzeitigen Ablebens der Eheleute (z. B. durch einen Verkehrsunfall) zu treffen.

Zweimal Erbschaftsteuer fällig

Das Berliner Testament hat den Nachteil, dass dasselbe Vermögen zweimal der Erbschaftsteuer unterworfen ist, nämlich beim Übergang des Vermögens auf Ihren Ehegatten und beim späteren Übergang auf den Dritten, also beispielsweise auf Ihre Kinder.

Risiko: Kinder machen Pflichtteilanspruch gegen überlebenden Ehegatten geltend

Ein weiterer Nachteil kann darin liegen, dass die als Schlusserben eingesetzten Abkömmlinge beim ersten Erbfall enterbt sind und damit beim Tod des Erstversterbenden den Pflichtteil aus seinem Nachlass geltend machen können (siehe Seite 87 ff.). Der Pflichtteilsanspruch kann den überlebenden Ehegatten unter Umständen in arge finanzielle Schwierigkeiten bringen (wenn beispielsweise der Nachlass nur aus Grundstücken und/oder Wertpapieren besteht). Dieser Gefahr kann dadurch begegnet werden, dass die Eltern bereits zu Lebzeiten mit ihren Kindern einen Pflichtteilsverzicht (siehe Seite 92) vertraglich vereinbaren. Kommt ein solcher nicht in Betracht, können in die letztwillige Verfügung Verwirkungs- und Strafklauseln aufgenommen werden, die die Kinder veranlassen sollen, auf die Geltendmachung des Pflichtteils zu verzichten.

Verwirkungs- und Strafklauseln

- So kann bestimmt werden, dass das Kind, das nach dem Erstversterbenden seinen Pflichtteil fordert, auch nach dem Tod des Letztversterbenden nur den Pflichtteil erhalten soll. Allerdings ist zu berücksichtigen, dass beim zweiten Erbfall der Pflichtteil aus dem gesamten Vermögen des zuletzt Versterbenden (also einschließlich des Nachlasses des Erstversterbenden) zu berechnen ist. Insoweit kann es auch sinnvoll sein, den Nachlass des Zuletztversterbenden durch ein Geldvermächtnis aus dem Nachlass des Erstversterbenden zu mindern, das zwar beim Tod des Erstversterbenden anfällt, aber erst mit dem Tod des Längstlebenden fällig wird.

- Für den Fall, dass das Kind, nach dem Tod des Erstversterbenden den Pflichtteil fordert, kann dem überlebenden Ehegatten die Befugnis eingeräumt werden, frei über den Nachlass zu verfügen. Insoweit hätte der überlebende Ehegatte die Möglichkeit, das Kind später auf den Pflichtteil zu setzen.

FORMULIERUNGSVORSCHLÄGE

Pflichtteilsklauseln

Sollte unser Sohn Herbert nach dem Tod des Erstversterbenden seinen Pflichtteil verlangen, so steht ihm auch nach dem Tod des Längerlebenden nur der Pflichtteil zu.

Wer beim ersten Erbfall Pflichtteilsansprüche nicht geltend macht, erhält aus dem Nachlass des Erstversterbenden ein Vermächtnis in Höhe seines gesetzlichen Erbteils, auszuzahlen beim Tod des Letztversterbenden.

Erheben unsere beiden Kinder Marion und Manuel beim Tod des Erstversterbenden Pflichtteilsansprüche, so sind sie auch für den zweiten Erbfall auf den Pflichtteil gesetzt. Der Überlebende von uns kann in diesem Fall diese Erbeinsetzung beliebig ändern.

Vor- und Nacherbschaft

Stellung der Kinder wird als Nacherbe gestärkt

Die Ehegatten haben auch die Möglichkeit, eine Vor- und Nacherbschaft anzuordnen, das heißt, sie setzen sich wechselseitig zu Vorerben und die gemeinsamen Kinder (oder andere Personen) zu Nacherben ein. Damit verbunden wäre eine stärkere Stellung der als Nacherben eingesetzten Kinder; ihnen würde der größte Teil des Nachlasses erhalten bleiben, was die Wahrscheinlichkeit erhöhen könnte, dass sie ihre Pflichtteilsansprüche nicht geltend machen werden. Damit verbunden wären aber die auf Seite 77 für den überlebenden Ehegatten dargestellten Beschränkungen. Allerdings könnte der überlebende Ehegatte als „befreiter Vorerbe" eingesetzt und damit von den gesetzlichen Beschränkungen und Verpflichtungen, soweit dies zulässig ist, befreit werden (siehe im Einzelnen Seite 77 f.).

FORMULIERUNGSVORSCHLAG

Vor- und Nacherbschaft

Wir setzen uns gegenseitig als Erben ein. Jeder soll nur befreiter Vorerbe sein. Zu Nacherben berufen wir unsere gemeinsamen Kinder.

Allerdings können auch in diesem Fall die als Nacherben eingesetzten Kinder beim ersten Erbfall die Nacherbschaft ausschlagen und den Pflichtteil verlangen. Insoweit kann der überlebende Ehegatte dann wieder durch Pflichtteilsklauseln (siehe Seite 94 f.) begrenzt geschützt werden. Allerdings dürfte die stärkere Stellung der Nacherben zur Folge haben, dass die Geltendmachung eines Pflichtteilsanspruchs weniger wahrscheinlich ist.

Steuerlich bestehen dieselben Nachteile wie beim Berliner Testament.

Nießbrauchsvermächtnis

Ehegatten wird Nutzungsrecht am Nachlass eingeräumt

Durch ein Nießbrauchsvermächtnis kann der erstversterbende Ehegatte dem Längerlebenden ein lebenslängliches oder befristetes Nutzungsrecht am Nachlass (z. B. Grundstücke, Wohnrecht, Aktien, Bankkonten, Geschäftsanteile) oder an wesentlichen Teilen des Nachlasses einräumen. Damit stehen ihm die Nutzungen wie Mieteinnahmen, Dividenden, Zinsen, Gewinnanteile oder Ähnliches zu.

FORMULIERUNGSVORSCHLAG

Nießbrauchsvermächtnis

Ich vermache den Nießbrauch an meinem gesamten Vermögen meinem Ehemann Max.

Überlebender Ehegatte hat schwächere Stellung

Gegenüber dem Berliner Testament und der Anordnung einer Vor- und Nacherbschaft hat der Nießbrauch für den überlebenden Ehegatten den Nachteil, dass ihm eine schwächere Stellung eingeräumt ist. Er ist nicht Inhaber des Vermögens, sondern kann dieses „nur" nutzen. Andererseits ist der Nachlass bereits auf die Erben übergegangen; diese wiederum können ihn nur eingeschränkt nutzen. Das kann zu Spannungen zwischen den Erben (Kinder) und dem Nießbrauchsvermächtnisnehmer (überlebender Elternteil) führen (z. B. wenn ein mit einem Nießbrauch belastetes Haus verkauft werden soll). Und schlechte Beziehungen zwischen dem überlebenden Elternteil und den Kindern als Erben können bereits die Bestellung des Nießbrauchs verzögern.

Versorgung des nichtehelichen Partners

Nichtehelicher Partner wird erbrechtlich nicht beachtet

Die Ehe ist für viele Menschen nicht mehr die bevorzugte Form des Zusammenlebens. Das deutsche Erbrecht berücksichtigt allerdings in erster Linie die Familie und die Ehe: Für den überlebenden Ehegatten und die Abkömmlinge besteht ein gesetzliches Erbrecht; nichteheliche Lebensgemeinschaften (mit Ausnahme von eingetragenen gleichgeschlechtlichen Partnerschaften) finden erbrechtlich dagegen keine Beachtung.

Begriff der nichtehelichen oder eheähnlichen Lebensgemeinschaften

Unter einer eheänlichen Lebensgemeinschaft wird eine Lebensgemeinschaft zwischen einem Mann und einer Frau verstanden, die auf Dauer angelegt ist, daneben keine weitere Lebensgemeinschaft gleicher Art zulässt und sich durch innere Bindungen auszeichnet, die ein gegenseitiges Einstehen der Partner füreinander begründen, also über die Beziehungen in einer reinen Haushalts- und Wirtschaftsgemeinschaft hinausgehen. Die folgenden Ausführungen betreffen also nicht die so genannte Eingetragene Lebenspartnerschaft gleichgeschlechtlicher Paare.

Kein gesetzliches Erbrecht

Beim Tod des Partners wird der überlebende Partner unter keinen Umständen gesetzlicher Erbe. Gesetzliche Erben sind in erster Linie die Kinder und der Ehegatte, falls der Erblasser zum Zeitpunkt seines Todes noch verheiratet war.

Zwei Ansprüche stehen dem überlebenden Partner gleichwohl zu:

- Er kann nach dem Tod seines Partners von den Erben 30 Tage lang Unterhalt verlangen.
- Und mit dem Tod des Partners tritt der überlebende Partner in ein bestehendes Mietverhältnis über Wohnraum ein.

Erbeinsetzung des Partners sittenwidrig?

Die Einsetzung des nichtehelichen Lebenspartners als Erben kann nur durch eine Verfügung von Todes wegen (Testament oder Erbvertrag) erfolgen.

Während es früher als sittenwidrig angesehen worden ist, dass jemand ein Testament zugunsten seines Partners (häufig seiner „Geliebten") errichtete und damit seine Familie (eventuell die Noch-Ehefrau und seine Kinder) bis auf den Pflichtteil leer ausgingen, kann heute der Partner einer nichtehelichen Lebensgemeinschaft ohne weiteres zum Erben eingesetzt werden Die Einsetzung des nichtehelichen Lebenspartners als Erben kann allerdings dann sittenwidrig sein, wenn sich darin eine familienfeindliche, unredliche Gesinnung niederschlägt. Ein solcher Fall kann beispielsweise dann vorliegen, wenn sich bei Einsetzung des nichtehelichen Lebenspartners als Erben der Noch-Ehegatte bzw. vorhandene Abkömmlinge in einer wirtschaftlichen Notlage befinden und es für den Erblasser unschwer möglich wäre, diese Notlage durch eine entsprechende Zuwendung zu beseitigen, die gleichzeitig die Versorgung des Partners nicht beeinträchtigen würde. Feste Regeln, wann eine letztwillige Verfügung aus diesen Gründen sittenwidrig und damit unwirksam sein kann, bestehen nicht. Sicherlich wird in diesem Zusammenhang auch die Dauer der nichtehelichen Lebensgemeinschaft auf der einen Seite und die Dauer der Ehe auf der anderen Seite von Bedeutung sein. Wichtig dürfte auch die Nähe der Verwandtschaft zu den übergangenen Angehörigen sein. Und das Zurücksetzen minderjähriger, unversorgter Kinder dürfte sicherlich bedenklicher als das volljähriger und versorgter Kinder sein.

Erbeinsetzung in der Regel wirksam

Als für den nichtehelichen Lebenspartner sprechende Motive für eine Erbeinsetzung kommen in erster Linie die langjährige Sorge und Pflege, die Verantwortung für gemeinsame Kinder und nicht zuletzt die Absicherung der wirtschaftlichen Zukunft des Partners in Betracht.

Motive für nichtehelichen Partner

Erbeinsetzung durch Testament oder Erbvertrag

Der Partner in einer nichtehelichen Lebensgemeinschaft kann durch Testament oder Erbvertrag als Erbe eingesetzt werden.

FORMULIERUNGSVORSCHLAG

Testament

Ich setze meine langjährige Lebensgefährtin Martina zu meiner alleinigen Erbin ein.

Gemeinschaftliches Testament ist nicht möglich

Nicht möglich ist allerdings die Errichtung eines gemeinschaftlichen Testaments; das ist nur Eheleuten vorbehalten. Unter Umständen kann aber ein durch nichteheliche Lebenspartner errichtetes gemeinschaftliches Testament in ein oder zwei Einzeltestamente umgedeutet werden.

Testament kann jederzeit widerrufen oder geändert werden

Der Nachteil des Testaments liegt für den nichtehelichen Partner insbesondere darin, dass es vom Erblasser jederzeit widerrufen oder geändert werden kann. Der als Erbe eingesetzte Partner muss nicht informiert werden. In der Praxis hat das schon zu bösen Überraschungen geführt.

Zulässig ist es, dass beide Partner ein Einzeltestament errichten und den anderen Partner zum Erben einsetzen. In diesem Fall kann dann der Fortbestand des vom anderen Partner errichteten Testaments zur Bedingung der eigenen Anordnung gemacht werden.

Erbvertrag ist zulässig

Die Partner einer nichtehelichen Lebensgemeinschaft können eine Erbeinsetzung auch dadurch vornehmen, dass sie einen Erbvertrag schließen. Hier können sich die

Partner wechselseitig zu Erben einsetzen (siehe auch Seite 64 f.).

Nachteile aus Erbvertrag

Die Bindung der nichtehelichen Lebenspartner an den Erbvertrag wirkt sich dann nachteilig aus, wenn sich die Partner wieder trennen. Es ist deshalb empfehlenswert, dass sich die Partner im Vertrag ein Rücktrittsrecht vorbehalten. Dieses Rücktrittsrecht kann auf den ganzen Vertrag oder nur auf einzelne Verfügungen bezogen sein.

Erbschaftsteuer

Erbschaftsteuerliche Nachteile

Erbschaftsteuerlich werden nichteheliche Lebenspartner als beliebige Dritte behandelt und in die schlechteste Steuerklasse III eingestuft. Wie lange die Partnerschaft gedauert hat, ist ohne Bedeutung.

Schlechte Steuerklasse III

- Der Wert des Nachlasses des nichtehelichen Lebenspartners wird bis 52.000 Euro mit 17 % (bei Ehegatten mit 7 %), bis 256.000 Euro mit 23 % (bei Ehegatten mit 11 %) besteuert (siehe im Einzelnen die Steuersätze der Steuerklasse III auf Seite 104).
- Der allgemeine Steuerfreibetrag beträgt 5.200 Euro.
- Für Hausrat, den der überlebende Partner erbt, gibt es eine Freigrenze von 10.300 Euro.
- Und wenn ein Partner den anderen gepflegt hat, erhält er einen Freibetrag von 5.200 Euro.

Allein unter erbschaftsteuerlichen Gesichtspunkten würde sich eine Heirat also sicherlich lohnen.

Erbschaftsteuer

Steuerschuld entsteht mit Tod des Erblassers

Bei der Errichtung eines Testaments oder beim Abschluss eines Erbvertrags sollten Sie immer auch die erbschaftsteuerliche Belastung der eingesetzten Erben beachten. Erbschaftsteuer müssen vor allem Erben und Miterben im Rahmen einer Erbengemeinschaft, Vermächtnisnehmer und Begünstigte aus einer Auflage sowie Pflichtteilsberechtigte zahlen. Die Steuerschuld entsteht grundsätzlich mit dem Tod des Erblassers.

Steuerpflichtige Vorgänge

Jeder Erwerb von Todes wegen ist steuerpflichtig

Der Erbschaftsteuer unterliegt nicht nur jeder Erwerb von Todes wegen, sondern auch jede Schenkung unter Lebenden und das Vermögen einer Stiftung. Zum Erwerb von Todes wegen gehören insbesondere

- der Erwerb durch Erbanfall,
- durch Vermächtnis oder
- aufgrund eines geltend gemachten Pflichtteilsanspruchs.

Steuerklassen und Steuersätze

Grundsätze der Besteuerung

Die zu zahlende Erbschaftsteuer orientiert sich an folgenden Grundsätzen:

- Größere Vermögen werden prozentual höher besteuert als kleinere.
- Der überlebende Ehegatte und die nächsten Verwandten zahlen weniger Erbschaftsteuer als entferntere Verwandte und beliebige Dritte.
- Freibeträge sind von der Besteuerung ausgenommen.

Das Erbschaftsteuerrecht unterscheidet drei Steuerklassen. Diese Steuerklassen betreffen sowohl Erbschafts- als auch Schenkungsvorgänge. Sie gelten für das gesetzliche und für das durch Testament oder Erbvertrag verliehene Erbrecht.

Es bestehen drei Steuerklassen

Zur Steuerklasse I zählen

Steuerklasse I

- der Ehegatte,
- die Kinder und Stiefkinder,
- die Enkel, Urenkel usw.,
- die Eltern und Großeltern bei Erwerben von Todes wegen (also nicht bei der Schenkung).

Zur Steuerklasse II gehören

Steuerklasse II

- die Eltern und Großeltern, soweit sie nicht zur Steuerklasse I gehören (also insbesondere dann, wenn sie Empfänger einer Schenkung sind),
- die Geschwister,
- die Abkömmlinge ersten Grades von Geschwistern (Neffen, Nichten),
- die Stiefeltern,
- die Schwiegerkinder,
- die Schwiegereltern,
- der geschiedene Ehegatte.

Zur Steuerklasse III zählen alle übrigen Erwerber, insbesondere der nichteheliche Lebenspartner des Verstorbenen, beliebige Dritte und Pflegekinder.

Höhe der Erbschaftsteuer

Die Höhe der Erbschaftsteuer hängt zum einen vom Wert des Nachlasses, zum anderen von der Steuerklasse ab. Sie wird nach folgenden Vomhundertsätzen erhoben:

Wert des steuerpflichtigen Erwerbs bis einschließlich ... Euro	Vomhundertsatz in der Steuerklasse		
	I	II	III
52.000	7	12	17
256.000	11	17	23
512.000	15	22	29
5.113.000	19	27	35
12.783.000	23	32	41
25.565.000	27	37	47
über 25.565.000	30	40	50

Unter Umständen erfolgt ein Härteausgleich

Wird eine bestimmte Wertgrenze (z. B. 256.000 Euro) überschritten, so wird der ganze Erwerb nach dem hierfür maßgebenden Prozentsatz besteuert. Ein Härteausgleich besteht allerdings insoweit, als dem Erwerber von dem über eine Wertgrenze hinausgehenden Betrag mindestens die Hälfte bleiben muss, wenn er einem Steuersatz von bis zu 30 % unterlag. In den Fällen eines höheren Steuersatzes muss dem Erwerber mindestens ein Viertel bleiben.

Steuerfreie Erwerbe

Keine Erbschaftsteuer für bestimmte Gegenstände

Bestimmte Vermögensgegenstände aus dem Nachlass bleiben steuerfrei; für sie fällt keine Erbschaftsteuer an. Dazu gehören

- Hausrat einschließlich Wäsche und Kleidungsstücken beim Erwerb durch Personen der Steuerklasse I bis zu 41.000 Euro;
- andere bewegliche körperliche Gegenstände (z. B. Erinnerungsstücke) beim Erwerb durch Personen der Steuerklasse I bis zu 10.300 Euro;
- Hausrat einschließlich Wäsche und Kleidungsstücke und andere bewegliche körperliche Gegenstände beim Erwerb durch Personen der Steuerklassen II und III bis 10.300 Euro;

Diese Befreiungen gelten aber nicht für Zahlungsmittel, Wertpapiere, Münzen, Edelmetalle, Edelsteine und Perlen.

„Dreißigster" ist steuerfrei

Steuerfrei ist auch der so genannte Dreißigste; das sind die Miet- und Unterhaltungskosten für die ersten 30 Tage nach dem Todesfall für alle Personen, die mit dem Verstorbenen bis zu seinem Tod zusammengelebt und von ihm Unterhalt bezogen haben. Steuerfrei bis zu 5.200 Euro bleiben auch Zuwendungen an Personen, die dem Erblasser unentgeltlich oder gegen unzureichendes Entgelt Pflege oder Unterhalt gewährt haben, soweit das Zugewendete als angemessenes Entgelt anzusehen ist. Unbegrenzt steuerfrei sind Zuwendungen an Kirchen, gemeinnützige Vereine und politische Parteien. Weitere Steuerbefreiungen ergeben sich im einzelnen aus dem Schenkungs- und Erbschaftsteuergesetz.

Allgemeine Steuerfreibeträge

Nur der Wert über dem Freibetrag ist zu versteuern

Selbst unter Berücksichtigung der genannten steuerfreien Erwerbe könnte einem bei den auf Seite 104 genannten hohen Steuersätzen Angst und Bange werden. Allerdings gibt es auch allgemeine Freibeträge, für die keine Erbschaftsteuer anfällt. Erbschaftsteuer wird also nur erhoben, wenn der steuerliche Wert des Erwerbs bestimmte Freibeträge übersteigt.

Steuerfrei bleibt der Erwerb

- des Ehegatten in Höhe von 307.000 Euro;
- der Kinder im Sinne der Steuerklasse I Nr. 2 und der Kinder verstorbener Kinder im Sinne der Steuerklasse I Nr. 2 in Höhe von 205.000 Euro;
- der übrigen Personen der Steuerklasse I in Höhe von 51.200 Euro;
- der Personen der Steuerklasse II in Höhe von 10.300 Euro;
- der Personen der Steuerklasse III in Höhe von 5.200 Euro.

Versorgungsfreibetrag

Besonderer Freibetrag für Ehegatte und Kinder

Neben dem allgemeinen Freibetrag sieht das Erbschaftsteuerrecht für den überlebenden Ehegatten und für Kinder einen besonderen Versorgungsfreibetrag vor. Bei Ehegatten beträgt er 256.000 Euro, bei Kindern ist er je nach Alter gestaffelt. Neben dem allgemeinen Freibetrag wird Kindern im Sinne der Steuerklasse I Nr. 2 für Erwerbe von Todes wegen ein besonderer Versorgungsfreibetrag in folgender Höhe gewährt:

- bei einem Alter bis zu 5 Jahren in Höhe von 52.000 Euro;
- bei einem Alter von mehr als 5 bis 10 Jahren in Höhe von 41.000 Euro;
- bei einem Alter von mehr als 10 bis 15 Jahren in Höhe von 30.700 Euro;
- bei einem Alter von mehr als 15 bis 20 Jahren in Höhe von 20.500 Euro;
- bei einem Alter von mehr als 20 Jahren bis zur Vollendung des 27. Lebensjahrs in Höhe von 10.300 Euro.

Sowohl bei Ehegatten als auch bei Kindern wird der Versorgungsfreibetrag jedoch um den Kapitalwert der nicht der Erbschaftsteuer unterliegenden Hinterbliebenenrente gekürzt.

Vollendetes Lebensalter in Jahren	Männer	Frauen	Vollendetes Lebensalter in Jahren	Männer	Frauen
0	*17,908*	*18,136*	*9*	*17,769*	*18,058*
1	*18,040*	*18,239*	*10*	*17,723*	*18,026*
2	*18,019*	*18,227*	*11*	*17,674*	*17,993*
3	*17,992*	*18,210*	*12*	*17,623*	*17,958*
4	*17,961*	*18,189*	*13*	*17,569*	*17,921*
5	*17,927*	*18,166*	*14*	*17,512*	*17,882*
6	*17,891*	*18,142*	*15*	*17,453*	*17,842*
7	*17,853*	*18,115*	*16*	*17,393*	*17,800*
8	*17,813*	*18,087*	*17*	*17,332*	*17,756*

Vollendetes Lebensalter in Jahren	Männer	Frauen	Vollendetes Lebensalter in Jahren	Männer	Frauen
18	*17,272*	*17,712*	*38*	*15,267*	*16,150*
19	*17,212*	*17,665*	*39*	*15,109*	*16,029*
20	*17,151*	*17,616*	*40*	*14,945*	*15,902*
21	*17,086*	*17,564*	*41*	*14,775*	*15,770*
22	*17,018*	*17,510*	*42*	*14,598*	*15,632*
23	*16,945*	*17,452*	*43*	*14,415*	*15,489*
24	*16,867*	*17,392*	*44*	*14,225*	*15,341*
25	*16,785*	*17,328*	*45*	*14,030*	*15,186*
26	*16,699*	*17,261*	*46*	*13,828*	*15,025*
27	*16,608*	*17,190*	*47*	*13,620*	*14,858*
28	*16,512*	*17,116*	*48*	*13,406*	*14,684*
29	*16,411*	*17,038*	*49*	*13,187*	*14,503*
30	*16,306*	*16,956*	*50*	*12,961*	*14,316*
31	*16,196*	*16,870*	*51*	*12,730*	*14,122*
32	*16,080*	*16,781*	*52*	*12,494*	*13,920*
33	*15,960*	*16,687*	*53*	*12,253*	*13,711*
34	*15,833*	*16,589*	*54*	*12,008*	*13,495*
35	*15,700*	*16,486*	*55*	*11,759*	*13,271*
36	*15,562*	*16,379*	*56*	*11,506*	*13,040*
37	*15,417*	*16,267*	*57*	*11,249*	*12,801*

Vollendetes Lebensalter in Jahren	Männer	Frauen	Vollendetes Lebensalter in Jahren	Männer	Frauen
58	10,987	12,553	78	5,198	6,261
59	10,720	12,298	79	4,941	5,937
60	10,448	12,034	80	4,693	5,622
61	10,171	11,763	81	4,456	5,317
62	9,889	11,484	82	4,228	5,022
63	9,603	11,197	83	4,010	4,739
64	9,313	10,903	84	3,802	4,468
65	9,019	10,601	85	3,603	4,210
66	8,723	10,292	86	3,415	3,964
67	8,422	9,977	87	3,235	3,731
68	8,120	9,654	88	3,065	3,511
69	7,816	9,325	89	2,904	3,304
70	7,511	8,990	90	2,753	3,109
71	7,206	8,650	91	2,609	2,927
72	6,904	8,307	92	2,475	2,756
73	6,604	7,962	93	2,348	2,597
74	6,310	7,616	94	2,229	2,448
75	6,020	7,271	95	2,118	2,310
76	5,738	6,930	96	2,014	2,183
77	5,464	6,592	97	1,917	2,064

Vollendetes Lebensalter in Jahren	Männer	Frauen	Vollendetes Lebensalter in Jahren	Männer	Frauen
98	*1,826*	*1,955*	*105*	*1,334*	*1,387*
99	*1,741*	*1,854*	*106*	*1,272*	*1,318*
100	*1,662*	*1,761*	*107*	*1,199*	*1,238*
101	*1,589*	*1,675*	*108*	*1,095*	*1,125*
102	*1,520*	*1,595*	*109*	*0,908*	*0,924*
103	*1,455*	*1,522*	*110*	*0,500*	*0,500*
104	*1,394*	*1,453*	*und darüber*		

Der Kapitalwert der Rente wird berechnet, indem der Jahresbetrag der Rente mit der dem Lebensalter entsprechenden Zahl in der Tabelle multipliziert wird. Erhält beispielsweise eine 62-jährige Witwe eine Rente von 22.000 Euro jährlich, entspricht dies einem Kapitalwert von 252.648 Euro.

Bewertung der Nachlassgegenstände

Besteuerungsgrundlage ist das Nettovermögen. Vom Erwerb sind unter anderem abzuziehen

Schulden mindern den Nachlasswert

- die vom Erblasser herrührenden Schulden, soweit sie nicht mit einem zum Erwerb gehörenden Gewerbebetrieb oder Anteil an einem Gewerbebetrieb in wirtschaftlichem Zusammenhang stehen;
- Verbindlichkeiten aus Vermächtnissen, Auflagen und geltend gemachten Pflichtteilen und Erbersatzansprüchen;

- die Kosten der Bestattung des Erblassers, die Kosten für ein angemessenes Grabdenkmal, die Kosten für die übliche Grabpflege mit ihrem Kapitalwert für eine unbestimmte Dauer sowie die Kosten, die dem Erwerber unmittelbar im Zusammenhang mit der Abwicklung, Regelung oder Verteilung des Nachlasses oder mit der Erlangung des Erwerbs entstehen. Für diese Kosten wird insgesamt ein Betrag von 10.300 Euro ohne Nachweis abgezogen. Kosten für die Verwaltung des Nachlasses sind nicht abzugsfähig.

Kosten der Bestattung und angemessene Grabpflege

Maßgebend für die Bewertung der einzelnen Nachlassgegenstände ist das Bewertungsgesetz. Danach ist grundsätzlich der „gemeine Wert" maßgebend, also der Wert, zu welchem der betreffende Gegenstand am Todestag hätte veräußert werden können.

Bewertung unbebauter Grundstücke

Der Wert unbebauter Grundstücke bestimmt sich nach den von den Gutachterausschüssen ermittelten Bodenrichtwerten. Dieser wird ermäßigt durch einen pauschalen Abschlag von 20 % und multipliziert mit der Anzahl der qm des Grundstücks. Dieser Wert darf allerdings den Verkehrswert nicht übersteigen.

Bewertung bebauter Grundstücke

Bebaute Grundstücke werden grundsätzlich nach dem Ertragswertverfahren bewertet. Grundlage ist die Jahresnettokaltmiete (= Durchschnittsmiete der letzten drei Jahre vor dem Besteuerungszeitpunkt). Die Jahresnettokaltmiete wird mit 12,5 multipliziert. Von dem so ermittelten Wert ist dann ein Abzug wegen Altersminderung vorzunehmen. Für jedes Jahr nach Bezugsfertigkeit des Gebäudes werden 0,5 % abgezogen, maximal aber 25 %.

Erbschaftsteuer auf legale Weise sparen

Freibeträge alle 10 Jahre

Um die Erbschaftsteuer kommen die Erben zwar nicht herum, gleichwohl gibt es Möglichkeiten, Erbschaftsteuer auf legale Weise zu sparen. Die möglichst optimale Ausnutzung der den Erben zustehenden Steuerfreibeträge alle 10 Jahre ist nur eine von vielen Möglichkeiten. Und diese Freibeträge können noch vervielfacht werden, wenn der Nachlass nicht einer einzigen Person zugewendet, sondern auf mehrere Personen verteilt wird.

Ehegatten können das selbst genutzte Ein- oder Zweifamilienhaus steuerfrei auf den anderen Ehegatten übertragen, ohne dass dessen persönlicher Freibetrag von 307.000 Euro verbraucht wird. Steuerfrei ist auch die Tilgung eines Darlehens aus eigenen Mitteln eines Ehegatten, wenn der andere Ehegatte allein oder beide gemeinsam das Darlehen im Zusammenhang mit dem Bau oder Kauf einer Immobilie aufgenommen haben.

Zugewinnausgleich ist erbschaftsteuerfrei

Endet die Ehe durch den Tod eines Ehegatten, ist beim gesetzlichen Güterstand der Zugewinngemeinschaft der fiktive Zugewinnausgleich von pauschal einem Viertel des Nachlasses erbschaftsteuerfrei. Dieser Güterstand hat also gegenüber dem Güterstand der Gütertrennung erbschaftsteuerliche Vorteile.

Steuervorteile bei Lebensversicherung

Häufig setzt der Ehegatte in einer Lebensversicherung den Partner als Bezugsberechtigten im Falle seines Todes ein. Der Bezugsberechtigte muss dann auf die Versicherungssumme Erbschaftsteuer zahlen. Keine Steuer fällt jedoch an, wenn der abzusichernde Ehegatte selbst als Versicherungsnehmer und Bezugsberechtigter eine Lebensversicherung auf das Leben des anderen Ehegatten abschließt und die Prämie aus eigenen Mitteln zahlt. Die Lebensversicherungssumme, die beim Tod des Ehegatten zur Auszahlung gelangt, ist in diesem Fall steuerfrei.

Weihnachts-, Geburtstags-, Hochzeitsgeschenke

Steuerfrei sind auch Geschenke zu Weihnachten, zum Geburtstag, zur Hochzeit oder zum bestandenen Examen, wenn dabei ein angemessener Rahmen nicht überschritten wird. In der Regel werden Geschenke bis zum Wert von 5.000 Euro vom Finanzamt nicht beanstandet. Und wenn Geld unter der Auflage geschenkt wird, ein bestimmtes Grundstück zu erwerben oder ein Gebäude zu errichten, wird der Besteuerung nicht der geschenkte Geldbetrag, sondern der niedrigere Grundstückswert zugrunde gelegt.

Rechtliche Betreuung

Jede und jeder Erwachsene ist grundsätzlich für sich allein verantwortlich. Im Grundgesetz und Bürgerlichen Recht wird jeder Mensch als eigenständiger Rechtsträger gesehen, der sich ab Volljährigkeit allein behaupten darf und muss. Gleichzeitig ist selbstverständlich, dass das so nicht ohne Auffanggerüst gelten kann. Anders als für minderjährige Kinder gibt es jedoch keine Hilfsautomatik. Eltern eines erheblich geistig Behinderten werden zum Beispiel bei Eintritt der Volljährigkeit erleben, dass sie vieles nicht mehr ohne weiteres gestalten können. Die Elternschaft genügt dann nicht mehr als Legitimation.

Selbstbestimmung für Volljährige

Wenn man Hilfe benötigt, nicht selbst vorgesorgt hat oder das nicht konnte, steht die rechtliche Betreuung zur Verfügung. Aber selbst wenn Sie durch eine Vorsorgevollmacht oder eine Patientenverfügung Vorsorge getroffen haben, kann es passieren, dass eine gesetzliche Betreuung eingerichtet werden muss. Und auch Regelungen in einer Betreuungsverfügung können nicht alles vorwegnehmen.

Jeder sollte sorgfältig prüfen, was für ihn selbst wichtig und möglich ist. Wenn man gut vorsorgen konnte, mag alles so glücken wie erwünscht. Andernfalls bleibt das staatliche Hilfsangebot der rechtlichen Betreuung – eine komplexe Sache, wie Sie im Folgenden nachlesen können.

Eigenvorsorge hat Vorrang

Gesetzliche Grundlagen

Das Betreuungsrecht ist grundsätzlich seit dem 1.1.1992 in Kraft. Vormundschaft und Gebrechlichkeitspflegschaft für Volljährige sind damals abgeschafft worden.

Das seitdem geltende Betreuungsrecht ist mit Wirkung zum 1.1.1999 teilweise geändert worden.

Vorsorgevollmachten sind dadurch erstmals anerkannt worden. Zugleich wurde (neu) geregelt, dass man auch als Bevollmächtigter bei einigen Maßnahmen eine gerichtliche Genehmigung benötigt.

Alte Vollmachten beruhen auf anderen Anforderungen

Der Änderungszeitpunkt ist wichtig, weil Vollmachten aus der Zeit davor heute Probleme aufwerfen können. Ihre Formulierung konnte die jetzt geltenden Anforderungen noch gar nicht berücksichtigen.

Über die nächsten Änderungen wird bereits diskutiert. Man hofft, das Ganze billiger abwickeln zu können, wenn mehr Aufgaben von den Gerichten abgezogen und die Betreuungsbehörden in größerem Umfang in die Pflicht genommen werden. Ob oder wann eine derartige Reform kommt, ist zurzeit noch nicht abzusehen.

Es gibt im Übrigen kein geltendes „Betreuungsgesetz". Das Betreuungsgesetz war ein so genanntes Artikelgesetz, mit dem die erforderlich werdenden Änderungen aufgelistet wurden. Das Betreuungsrecht ist im Schwerpunkt in das Bürgerliche Gesetzbuch (BGB) aufgenommen worden (§§ 1896 ff. BGB), als Teil des Familienrechts.

Das Verfahrensrecht findet sich im Gesetz über die Angelegenheiten der Freiwilligen Gerichtsbarkeit (FGG). Wenn man versucht, diese Bezeichnung zu erklären, greift man meist zur Notbremse „historische Gründe".

Betreuungsbehörden

Die Tätigkeit der Betreuungsbehörden ist im Betreuungsbehördengesetz geregelt. Die Bundesländer haben

Ausführungsgesetze zum Betreuungsrecht erlassen, in denen die Struktur der Behörden wie Fragen der Anerkennung von Betreuungsvereinen, Finanzierungen und Zuständigkeiten geregelt sind.

Spezialregelungen

In zahlreichen weiteren Gesetzen sind ergänzende Regelungen zu finden, so für die Probleme, die sich ergeben, wenn Betreute in einen Zivilprozess verwickelt werden, wenn Beamte zwangsweise in den Ruhestand versetzt werden sollen usw.

Theorie oder Praxis?

Der Umgang mit Betreuungsrecht ist oft nicht leicht, weil es zum einen wenig genau gekannt, zum andern manchmal schlicht ignoriert wird. Aus dem tatsächlichen Umgang allein kann aber nie auf die Rechtsgeltung geschlossen werden.

Missachtung von Gesetzen verändert sie nicht

Niemand käme wohl auf die Idee, aus den in der Stadt tatsächlich gefahrenen Geschwindigkeiten auf den Vorschrifteninhalt schließen zu wollen. Jeder, der in der Stadt 60 oder 70 km/h fährt, wird dafür dringende Gründe nennen. Wenn er dagegen selbst zum Opfer wird, weil mehr als 50 km/h gefahren worden sind, wird sich seine Begründung drastisch verändern. Die gesetzlich bestimmte Geschwindigkeitsbegrenzung gibt vor, was im Ernstfall allein akzeptiert wird. Solange der Gesetzgeber die Bestimmungen nicht ändert, gelten maximal 50 km/h und ist man nur bis zu dieser Geschwindigkeit auf der sicheren Seite.

Beispiel:

Die Eltern des 30-jährigen geistig behinderten Hans Schultze haben immer schon alles für und mit ihm gere-

Keine Befugnis für die Angehörigen

gelt. Sie wohnen in einem ländlich geprägten Gebiet. Der Hausarzt behandelt die Familie seit Jahren. Die Bankmitarbeiter kennen die Verhältnisse der Familie. Die Mitarbeiter des Landkreises auch. Angebote der Lebenshilfe und Hinweise auf die Anordnung einer Betreuung haben die Eltern stets von sich gewiesen. Sie wollen Hans Schultze nicht „entmündigen" lassen. Sie hätten immer alles geregelt und würden es auch weiter tun. Schließlich heiße es auch in dem Gesetz, eine Betreuung sei nicht erforderlich, wenn alles anderweitig geklärt sei. Bei Hans Schultze wird eine Operation erforderlich. Die Eltern sind fassungslos, als sich die Narkoseärzte im Krankenhaus weigern, die Unterschrift der Eltern für ihren Sohn gelten zu lassen, und die Durchführung der Operation ablehnen.

Die Ärzte haben Recht. Nach unserem System ist jeder Erwachsene auch gegen seine Angehörigen geschützt. Das mag nicht nötig sein, kann sogar sinnlos sein. Dann können sie zu rechtlichen Betreuern bestellt werden, die sich engagiert und überzeugend für ihn einsetzen.

Das kann aber auch anders sein. Falls die Eltern Hans Schultze immer in dem Haus festhalten, nehmen sie ihm auch etwas; wenn sie verhindern, dass er mit seinen Möglichkeiten erwachsen werden kann, dass er Lebenschancen lernen und nutzen kann. Was soll aus ihm werden, wenn er nicht mehr auf seine Eltern zählen kann und selbst zu alt geworden ist, um sich noch neu zu orientieren?

Keine Hilfsautomatik für Erwachsene

Minderjährige benötigen immer rechtliche Hilfe. Deshalb gibt es dort eine automatische Zuständigkeit der Eltern. Erwachsene brauchen in der Regel keine rechtliche Hilfe. Deshalb gibt es für Sie keine automatische Zuordnung. Wenn ausnahmsweise eine nötig ist, muss sie zugewiesen werden.

Voraussetzungen einer Betreuung

Betreuung ist nachrangig

Für Volljährige, das heißt, Personen ab 18 Jahre, kann eine Betreuung eingerichtet werden, wenn dies erforderlich ist, weil sie aufgrund einer der in § 1896 BGB genannten Beeinträchtigungen (siehe Seite 120) außerstande sind, ihre eigenen Angelegenheiten zureichend wahrzunehmen und keine anderweitige wirksame Regelung getroffen worden ist. Das System der rechtlichen Betreuung ist also nachrangig.

Der Betreuer vertritt den Betreuten

Der Begriff „Betreuung" wird an vielen Stellen mit ganz verschiedenen Inhalten genutzt. Das führt oft zu Missverständnissen. Deshalb wird für den hier angesprochenen Bereich jetzt oft klarstellend von „rechtlicher Betreuung" gesprochen. Diese rechtliche Betreuung verschafft keine Dienstleistungen, sondern einen Vertretungsberechtigten.

Die Versorgung mit Kleidung, Essen, Pflege, eine Entmüllung der Wohnung sind nur dann über eine Betreuung „lösbar", wenn es darum geht, diese Fragen zu regeln, um Vereinbarungen im Namen des Betroffenen zu treffen. Die Abwicklung, das Putzen, das Pflegen sind nicht Sache der Betreuerin.

Anordnung einer Betreuung zur Kontrolle eines Bevollmächtigten

Daneben ist die Anordnung einer Betreuung auch dann möglich, wenn es darum geht, einen Bevollmächtigten zu kontrollieren oder auch die Vollmacht zu widerrufen.

Behinderung allein ist kein Anordnungsgrund. Nicht jeder geistig oder seelisch Behinderte benötigt eine Betreuung. Auch ist zum Beispiel die Unfähigkeit zu lesen oder zu schreiben kein Betreuungsgrund. Selbst aus der Kombination würde sich noch keine Betreuungsanlass ergeben.

Andererseits: Eine einwilligungsunfähige geistig Behinderte, die in einer Einrichtung lebt, kann über ärztliche Maßnahmen nicht wirksam entscheiden. Die „Hilfe" der Einrichtungsmitarbeiter und der „gute Wille" der Ärztin bewirken nichts. Ohne rechtliche Entscheidungskompetenz aus einer Betreuung geht dann nichts. Eine Vollmacht wäre sinnlos, wegen der Einwilligungsunfähigkeit nicht wirksam.

Betreuung ohne Vorsorgeregelungen

Grundsätze für die Erfordernis einer Betreuung

Betreuung greift als rechtliches Instrument, wenn

- eine geistige oder seelische Behinderung oder eine psychische Krankheit vorliegt,
- sich daraus eine Beeinträchtigung in der Wahrnehmung eigener Rechte oder Interessen ergibt und
- ein konkretes Ziel aus dem Interessenbereich des Betroffenen beschreibbar ist,
- das ohne die Anordnung nicht wirksam erreichbar ist.

Ist also zum Beispiel wegen einer wirksamen Vorsorgeregelung anders Abhilfe möglich, entfällt die letzte Voraussetzung. Der Bevollmächtigte kann dann mit der Vollmacht handeln, soweit sie trägt.

Nur dringend notwendige Betreuungen

Das Betreuungsrecht legt sich eine Selbstbeschränkung auf: Es sollen nur die unbedingt notwendigen Betreuungen angeordnet werden. Diese Eingrenzung ist wie vieles im Betreuungsrecht eine zweischneidige Sache. Eine Begrenzung schützt den Betreuten insoweit, als ihm nichts Fremdes aufgedrängt wird, lässt ihn andererseits in den zweifelhaften Zonen auch leicht allein und damit schutzlos.

Unklare Grenzen

Dazu kommt, dass die so genannte Erforderlichkeit keine wirkliche inhaltliche Aussage zu den Grenzkriterien enthält, mehr offen lässt als regelt. Das Betreuungsrecht enthält kaum konkrete Aussagen dazu, wer alles eine rechtliche Betreuung erhalten soll.

So haben viele Menschen den Überblick über ihre Schulden verloren. Das allein ist kein Betreuungsgrund. Mit einer zusätzlichen medizinischen Diagnose kann man aber schon Hilfe durch einen Betreuer erhalten. Wenn ein Arzt eine psychische Problematik erkennt oder eine (leichte ursächliche) Behinderung und ihm das Gericht folgt, sind die ersten Betreuungsvoraussetzungen belegt.

Anträge an das Gericht

Wann das Gericht tätig wird, entscheidet es in der Regel allein, ohne dass es dabei durch Anträge gesteuert werden könnte. Anders ist das nur bei ausschließlich körperlich behinderten Betroffenen. Für die gibt es aber nur außerordentlich selten rechtliche Betreuungen.

Beispiel:

Anton Müller ist erheblich verschuldet. Er kommt mit seiner Rente nicht mehr aus, weiß sich nicht zu helfen, beantragt für sich selbst eine rechtliche Betreuung mit dem Aufgabenkreis „Vermögenssorge".

Als bei ihm ein ihm fremder Arzt erscheint, um ihn zu begutachten, ist er empört und erklärt dem Gericht gegenüber, er sei doch normal. Das gehe zu weit. Er nehme seinen Antrag zurück. Das Gericht erwidert, das Verfahren werde dennoch fortgesetzt. Er solle sich bitte begutachten lassen. Sonst müsse das zwangsweise umgesetzt werden.

Amtsermittlung

Der gerichtliche Hinweis kann richtig sein, wenn sich aus den Umständen Anhaltspunkte dafür ergeben, dass Herr Müller psychisch krank oder behindert ist, wobei eine Altersdemenz als seelische Behinderung verstanden wird. Das Gericht muss von Amts wegen tätig werden. Der Antrag war nur Verfahrensauslöser. Seine Rücknahme kann das Verfahren nicht bremsen.

Beispiel:

Die 91-jährige Anna Schmidt lebt bei ihrer Enkelin. Frau Schmidt ist in das Krankenhaus gekommen. Als sie verwirrt und sehr unruhig wird, will der Arzt sie im Bett sichern lassen. Die Enkelin ist einverstanden. Das Krankenhaus informiert das Gericht. Die Enkelin ist empört, als sie bei dem nächsten Besuch am Bett der Großmutter eine Vormundschaftsrichterin antrifft, beklagt sich bitter bei der Richterin und der Krankenhausleitung. Man habe bisher alles allein durchgestanden, wolle auch jetzt kein Gericht und keinen Staat. Sonst solle der sich gefälligst auch um die weitere Pflege kümmern.

Gericht muss beteiligt werden

Die Richterin entgegnet ihr, das Krankenhaus habe richtig gehandelt. Sie, die Enkelin, habe keine Entscheidungsbefugnisse. Selbst wenn sie wirksam bevollmächtigt sein sollte, könne sie ohne Mitwirkung des Gerichts keine Sicherungen anordnen oder ihnen zustimmen.

Die Empörung der Enkelin ist grundlos, beruht auf unzutreffenden Vermutungen. Die Enkelin kann nicht allein deshalb etwas regeln oder entscheiden, weil sie Angehörige ist oder weil sie bisher die Pflege durchgeführt hat.

Das Gericht ist von Amts wegen verpflichtet, zu prüfen und nötigenfalls zu entscheiden. Wenn sich bei der Prüfung eine zureichende Vorsorgereglung findet, kann eine Betreuung entbehrlich sein. Die Mitwirkung bei der Sicherung erledigt sich dadurch nicht.

Bankgeschäfte durch Angehörige

Eigentlich wissen alle Menschen, dass sie nicht schon deshalb entscheiden können, weil sie Angehörige sind. So käme wohl niemand auf die Idee, zu einer Bank zu gehen und die Auszahlung von 50 Euro von dem Konto eines anderen zu verlangen mit dem Hinweis, man sei schließlich Angehöriger. Wenn das aber nicht einmal bei 50 Euro geht, woher soll dann die viel weiter gehende Kompetenz kommen können, über das Leben des Angehörigen und seine persönlichen Angelegenheiten zu entscheiden?

Betreuungen zur Kontrolle von Bevollmächtigten und zum Eingriff in Vorsorgeregelungen

Beispiel:

Unbegrenztes Vertrauen kann später zu Problemen führen

Martin Griwatz hat eine wirksame Vorsorgevollmacht erstellt. Er hat seinen Sohn, zu dem er ein sehr gutes Verhältnis hat, als Bevollmächtigten für persönliche und finanzielle Dinge eingesetzt. Martin Griwatz erleidet zwei Jahre später einen massiven Schlaganfall. Sein Sohn kümmert sich aufopferungsvoll um ihn. In der Zeit zerbricht dessen Ehe. Das erträgt der Sohn nicht auch noch und trinkt zunehmend. Er verliert seine Arbeitsstelle. Herr Griwatz sieht mit Entsetzen, wie viel Geld der Sohn dennoch ausgibt. Er fürchtet, dass bald nicht mehr genug da sein wird, um seine Pflege sicherzustellen.

Wenn Herr Griwatz noch zureichend „fit" ist, kann er sich vielleicht selbst schützen, nötigenfalls die Vollmacht widerrufen. Wenn er das nicht mehr ist, benötigt er anderen Schutz.

Kontrollbetreuer soll vor Missbrauch schützen

Der Gesetzgeber hat für derartige Fälle vorgesehen, dass das Gericht einen so genannten Kontrollbetreuer einsetzen kann. Dessen Aufgabe ist es, zu kontrollieren, ob die Vollmacht zum Wohl des Betroffenen genutzt und nicht missbraucht wird.

Nötigenfalls kann das Gericht auch einen Betreuer mit der Aufgabe bestellen, zu prüfen, ob die Vollmacht widerrufen werden muss und dem Betreuer auch die Widerrufsbefugnis zuweisen. In extremen Fällen wird das Gericht die Vollmacht auch unmittelbar widerrufen können.

Diese Schutzmechanismen kann man bei der Errichtung einer Vorsorgevollmacht ebenso wenig ausschließen wie durch andere vorsorgende Bestimmungen.

Mitwirkung der Betreuungsbehörde und von Ärzten

Betreuungsbehörde in Städten und Landkreisen

Der Gesetzgeber hat mit dem Betreuungsrecht eine Behörde geschaffen, die sich um die hier Betroffenen kümmert. Die Betreuungsbehörde ist keine Stelle des Gerichts. Es handelt sich um eine Behörde, die es bei allen größeren Städten und bei allen Landkreisen gibt. Sie ist das Gegenstück zum Jugendamt, nur für Erwachsene.

Betreuungsbehörden

Klärung der Sachlage

Die Betreuungsbehörde soll das Gericht beraten und ihm helfen, wie es das Jugendamt bei dem Familiengericht tut. Die Betreuungsbehörde unterstützt das Vormundschaftsgericht bei der Ermittlung des Sachverhalts. Das bedeutet in der Praxis oft, dass die Gerichte die Akten an die Behörde zur weiteren tatsächlichen Klärung und mit der Bitte um einen Betreuervorschlag weitergeben.

Beispiel:

Die 87-jährige Anna Schneider ist nach einem Sturz in das Krankenhaus gekommen. Ihr weit entfernt arbeitender Sohn möchte rechtlicher Betreuer werden und hat das auch beim Gericht beantragt. Dort hat man ihm gesagt, man müsse die Betreuungsbehörde beteiligen und eine ärztliche Stellungnahme einholen. Beides dauere. Der Sohn verweist auf seine begrenzte Verfügbarkeit vor Ort, möchte gleich mit der Behörde sprechen.

In vielen Orten sind Betreuungsbehörden auf entsprechende Anfrage bereit, sich bei Antragstellung sogleich einbinden zu lassen und eine Eignungsstellungsnahme nach vereinbartem Klärungsgespräch abzugeben. Das kann das Verfahren um Wochen beschleunigen.

Beratung der Betreuer

Die Betreuungsbehörde hat weiter die Pflicht, die Einführung neu bestellter Betreuer in ihren Tätigkeitsbereich zu gewährleisten und Angebote zur Fortbildung der Betreuer bereitzustellen. Sie soll auch Ansprechpartner für alle bestellten Betreuer sein.

Ärztliche Zeugnisse und Gutachten

Beispiel:

Der 56-jährige Hans Maler kommt aufgeregt in das Vormundschaftsgericht und erklärt, sein Vater müsse dringend operiert werden. Man habe ihn vom Krankenhaus geschickt, damit er sich einen Betreuerausweis abhole. Er ist fassungslos, als man ihm sagt, ohne ärztliche Stellungnahme gehe gar nichts. Die solle er sich erst einmal besorgen. Dann müsse auch noch die Betreuungsbehörde gefragt werden.

Arzt ist zu beteiligen

Der Hinweis auf die Beteiligung eines ärztlichen Sachverständigen ist richtig. Nur ist es nicht Aufgabe von Herrn Maler, sich darum zu kümmern. Das muss grundsätzlich das Gericht selbst tun. Einige bestehen sogar darauf und lehnen beigebrachte Atteste oder Gutachten ab.

Kooperation ist meist hilfreich

Andererseits ist Herr Maler im Zeitdruck. Hier wird besonders deutlich, dass es wie so oft im Betreuungswesen wenig bringt, darüber zu streiten, wer was falsch macht. Wichtiger ist es, darüber zu verhandeln, was jetzt vor Ort möglich ist. In der Regel wird es gelingen, die Mindestbedingungen in kurzer Zeit zusammen zu bekommen, falls es wirklich eilig ist und man zusammen arbeitet, statt sich auf Vorwürfe zu beschränken.

Auswahl des Betreuers

Ein wesentlicher Ansatz dafür, ob eine Betreuung hilfreich wird, liegt in der Auswahl des Betreuers. Eine Betreuung an sich bewirkt ja noch nichts. Erst die Zuweisung der Aufgaben an eine konkrete Person oder Institution führt zum Entstehen der Betreuung und von dem Engagement dieser Person, ihren Fähigkeiten, Neigungen, Schwierigkeiten wird vieles abhängen.

Eignung

Grenzen eigener Vorschläge

Es darf nur eine „geeignete" Person bestellt werden. Sie soll geeignet für die rechtliche Besorgung der Angelegenheiten sein und für den dazu erforderlichen persönlichen Umgang. Dieser Filter besteht auch für eigene Vorschläge des Betroffenen.

Beispiel:

Hans Moos ist psychisch krank. Er berichtet immer wieder davon, er werde von Panzerfahrern bedroht, könne hören, wie die darüber sprechen, ihn um sein Geld zu bringen. Bei einem Krankenhausaufenthalt hat er sich dazu bewegen lassen, einer rechtlichen Betreuung zuzustimmen. Für ihn ist ein Berufsbetreuer bestellt worden. Kurz nach seiner Entlassung berichtet der Betreuer, Herr Moos habe seine Medikamente nicht mehr genommen, werde wieder zunehmend psychotisch. Herr Moos kommt in das Gericht und verlangt, dass nunmehr eine entfernt wohnende Nichte bestellt werde, die sich bereit erklärt habe. Der Betreuer sei unerträglich.

Wünsche der Betroffenen haben Vorrang

Bei der Erstbestellung wie bei späteren Änderungswünschen soll das Gericht in erster Linie darauf abstellen, einen Betreuer nach den Wünschen des Betroffenen auszuwählen. Es versteht sich, dass der Betroffene die Betreuung dann leichter akzeptieren kann, das Leben für ihn durch die Betreuung nicht noch schwerer wird.

Andererseits liegt es auf der Hand, dass Anträge wie die von Herrn Moos von seiner Beeinträchtigung geprägt sind. Er versucht damit nicht wirklich Hilfe zu erhalten, sondern den Anforderungen, die sich für ihn daraus ergeben, aus dem Weg zu gehen. Das hilft ihm letztlich nicht, sondern schadet ihm eher. Deshalb hat der Gesetzgeber keine feste Bindung der Gerichte an die Wünsche der Betroffenen geregelt. Den Gerichten bleibt es vielmehr unbenommen, die Wünsche zu übergehen, wenn sie dagegen begründete Bedenken haben.

Notwendige Distanz

Darin liegt zugleich eine Streitquelle. Schlägt eine alte Dame ihre Tochter vor, kann das Gericht diesen Wunsch übergehen. So wenn es befürchtet, die Tochter werde ihre Betroffenheit als Angehörige nicht von den Aufgaben einer Betreuerin trennen können. Dann liegt der Konflikt auf der Hand, mit Vorwürfen wie „Staatlich gelenkte Fremdbetreuung!", „Zerstörung der Familie!" und „Bevormundung!" Das muss nicht, aber es kann so sein. – Derartige Anordnungen haben immer auch mit den Wertvorstellungen des Anordnenden zu tun. Die können so weit von denen der Beteiligten abweichen, dass kaum ein Ausgleich möglich erscheint.

Es kann sich aber auch um Fehleinschätzungen handeln. Niemand ist bei derartigen Prognosen perfekt. Und wenn nur in 0,01 % aller Fälle eine falsche Entscheidung getroffen wird, wären das bundesweit angesichts der Vielfalt an Betreuungen pro Jahr hunderte falscher Entscheidungen.

Eigene Wahl durch Vorsorgevollmacht

Die Gefahr ergibt sich dadurch, dass Menschen Verantwortung für andere Erwachsene übernehmen müssen. Wenn Sie sich vor einer derartigen Zuweisung fürchten, müssen Sie rechtzeitig selbst vorsorgen, indem Sie selbst einen Bevollmächtigten bestellen. Ob das immer gut ausgeht, wird eine andere Frage sein. Der Vorteil liegt aber darin, dass Sie dann selbst wählen konnten.

Hindernisse für die Bestellung

Um Missbrauch möglichst zu verhindern, nennt der Gesetzgeber schließlich einige Ausschlussgründe. So können Mitarbeiter der Heime und Einrichtungen, zum Teil auch ihre Angehörigen, nicht bestellt werde. Selbst wenn die Bewohner besonderes Vertrauen zu ihnen haben sollten, sind sie ausgeschlossen. Sie sind ja wirtschaftlich von dem Betreiber abhängig, damit immer in der Gefahr, die Interessen der Bewohner hintan zu stellen.

Vertretung in bestimmten Bereichen nicht möglich

Außerdem kann niemand seinen Angehörigen als gesetzlicher Vertreter gegen sich selbst vertreten. Man kann mit sich selbst zum Beispiel keine Pflegevereinbarung treffen, die Erbauseinandersetzung nicht mit sich selbst ausmachen, das Haus der vertretenen Eltern nicht an sich selbst verkaufen. Wenn solche Probleme zu erwarten sind, muss für diesen Teilbereich nötigenfalls ein weiterer Betreuer bestellt werden. Die Betreuung an sich kann der Angehörige dann aber schon übernehmen.

Verschiedene Betreuerarten

Der Gesetzgeber hat sich als Idealfall vorgestellt, dass einem Menschen immer ein anderer direkt und möglichst ehrenamtlich zugeordnet wird. Er hoffte auf eine möglichst persönliche Beziehung statt bloßer Verwaltung.

Berufsbetreuer

Auch angesichts der Vielzahl von Betreuungen, bundesweit jetzt etwa eine Million, hat sich gezeigt, dass das so nicht umsetzbar ist. Deshalb werden ergänzend bezahlte Betreuer zugezogen und Betreuer, die in Organisationen eingebunden sind; nötigenfalls sogar „anonyme“

Vereine oder Behörden. Insgesamt werden circa 65 % aller rechtlichen Betreuungen ehrenamtlich geführt, der Rest durch bezahlte Kräfte.

Verschiedene Betreuerarten, um Bedarf zu decken

Im Gesetz werden jetzt sechs verschiedene Betreuerarten angesprochen:

- private ehrenamtliche Betreuer,
- zu bezahlende, selbstständig tätige Berufsbetreuer,
- Vereinsbetreuer,
- Behördenbetreuer,
- Vereine,
- die Behörde.

Dabei hat der jeweils zuvor genannte Betreuer Priorität gegenüber dem nachfolgend genannten.

Der Beschluss entscheidet über Funktion

Welche Funktion ein Betreuer hat, ist nur dem Bestellungsbeschluss zu entnehmen. Darin steht zum Beispiel auch, ob es sich um einen Ehrenamtlichen oder einen Berufsbetreuer handelt. Das ist wichtig dafür, ob er bezahlt werden muss. Wenn in Beschlüssen mit Neubestellungen ab 1.1.1999 kein Hinweis auf eine Entgeltpflicht erkennbar ist, wird keine Vergütung bezahlt, auch wenn ein Berufsbetreuer tätig wird.

Begriffsvielfalt

Daneben werden Begriffe wie Kontrollbetreuer, Ergänzungsbetreuer, Vertretungsbetreuer, Gegenbetreuer, nur gemeinschaftlich vertretungsberechtigte Betreuer benutzt. Achtung: Diese Begriffe sind zum Teil mehrdeutig. In den verschiedenen Bezirken werden unterschiedliche Bezeichnungen verwendet, denn sie sind gesetzlich nicht vorgegeben. Die konkreten Befugnisse bestimmen sich allein aus der Aufgabenzuweisung im

Betreuungsbeschluss, nicht aus einer derartigen Benennung.

Das Verfahren

Vormundschaftsgericht

Die Tätigkeit des Gerichtes für Betreuungssachen, das ist das Vormundschaftsgericht, gehört zum Bereich der so genannten freiwilligen Gerichtsbarkeit, geregelt in dem Gesetz über die Angelegenheiten der Freiwilligen Gerichtsbarkeit (FGG). Erstinstanzlich sind die Amtsgerichte zuständig. Eine Ausnahme besteht aus historischen Gründen in Württemberg: Im OLG-Bezirk Stuttgart sind Notare zuständig; die Unterbringungsgenehmigungen sind aber auch dort den Gerichten vorbehalten.

Zuständigkeit und Amtsermittlung

Die Zuständigkeit richtet sich in der Regel nach dem gewöhnlichen Aufenthalt. Auf den Meldesitz kommt es nicht an. Wenn eine Betreuungssache bereits läuft, bleibt das Gericht auch bei Aufenthaltswechseln zuständig. Es ist aber eine Abgabe an das Gericht des neuen dauernden Aufenthaltes denkbar und oft sinnvoll.

4

Beschwerdemöglichkeit für Angehörige

Eine Betreuung wird auf Antrag des Betroffenen oder von Amts wegen angeordnet. Andere, auch Verwandte, haben kein formelles Antragsrecht und können nicht steuern, ob entschieden wird. Sie müssen sich andererseits nicht immer mit den gefällten Entscheidungen zufrieden geben, sondern können Beschwerde einlegen, wenn sie unmittelbar in eigenen Rechten beeinträchtigt sind oder ihnen ausdrücklich eine Beschwerdebefugnis zugewiesen worden ist. Die Einzelheiten finden sich in dem FGG.

Das Gericht hat von sich aus die erforderlichen Ermittlungen anzustellen. Es entscheidet, welche Informationen es benötigt. Die Verfahrensbeteiligten sind über die Erkenntnisse zu informieren. Zum Teil ist ausdrücklich vorgesehen, dass weitere Behörden oder zum Beispiel Angehörige gehört werden sollen, wenn sie bekannt sind.

Verfahrenspfleger sollen Betroffene unterstützen

Damit die Rechte des Betroffenen bei diesen vielen Aspekten geschützt werden können, kann für ihn ein Verfahrenspfleger bestellt werden. Der Verfahrenspfleger ist nicht rechtlicher Vertreter des Betroffenen, kann für ihn keine Entscheidungen treffen. Er soll ihn nur unterstützen.

Diese eigentlich sehr gute Idee überfordert viele Beteiligte. Da melden sich Gericht, Betreuungsbehörde, ärztlicher Sachverständiger, da werden Angehörige gesucht und befragt. Dann kommt noch eine Person, die sagt, sie sei der vom Gericht für den Betroffenen bestellte Verfahrenspfleger, werde jetzt im Verfahren helfen, bis ein (anderer) Betreuer bestellt werde. Gelegentlich sagt man, wer das noch versteht, benötigt keinen Betreuer. Das wird mit Anlass dafür sein, dass nur in etwa 10 % aller Fälle Verfahrenspfleger bestellt werden.

Richter und Rechtspfleger

Während des Anordnungsverfahrens hat man es regelmäßig mit Richtern zu tun. Mit Wirksamkeit des Betreuungsbeschlusses tritt ein grundsätzlicher Zuständigkeitswechsel ein. Die Verpflichtung wird durch Rechtspfleger vorgenommen, die auch im laufenden Betreuungsverfahren Ansprechpartner für die Betreuer und bei sonstigen Anfragen sind. Die allgemeine Beratung, Kontrolle, Entscheidungen, alle Genehmigungen zu vermögensrelevanten Vorgängen, unabhängig von dem Wert, sind

Aufgabe dieser Rechtspfleger. Richter sind grundsätzlich nur für die Anordnung oder Aufhebung der Betreuung sowie personenbezogene Entscheidungen zuständig.

Anhörungen nicht öffentlich

Es gibt mündliche Anhörungen. Die sind nicht Regelfall, wenn auch gelegentlich ausdrücklich vorgeschrieben und nicht auf Geschäftsfähige beschränkt. Das Verfahren ist nichtöffentlich.

Beispiel:

Hanna Müller (86 Jahre) ist altersverwirrt. Ihr Sohn hat eine rechtliche Betreuung beantragt und möchte selbst als Betreuer eingesetzt werden. Seine Schwester macht ihm schwere Vorwürfe. Er habe es nur auf das Geld der Mutter abgesehen. Sie verlangt in einem Schreiben, über alle Schritte umfassend informiert und von einer etwa vorgesehenen Anhörung rechtzeitig unterrichtet zu werden. Sie wolle daran teilnehmen.

Sie wird darauf hingewiesen, dass die Anhörung ohne sie stattfinden werde. Sie ist aufgebracht und erklärt immer wieder, sie müsse beteiligt werden, um klarstellen zu können, dass die Mutter vom Bruder manipuliert werde.

Die gesetzliche Regelung ist bewusst eng. Die Anhörung dient dem Versuch, sprachlichen Kontakt zu dem Betroffenen aufzunehmen. Außerdem soll das Gericht sich einen unmittelbaren Eindruck verschaffen. Bei beidem geht es nicht darum, ob etwas „richtig" oder „falsch" wiedergegeben wird.

Das Gericht wird meist keine längere persönliche Beziehung herstellen und dabei die Grenzen der Aufmerksamkeitsmöglichkeit des Betroffenen berücksichtigen.

Selbstschutzdefizite werden überprüft

Es will lediglich prüfen, ob das, was berichtet worden ist, mit der eigenen Wahrnehmung übereinstimmt. Dabei werden die zeitlichen Erwartungen der nicht behinderten Beteiligten oft deutlich unterschritten, was gelegentlich kritisiert wird. Zum Teil liegt das in der Natur der Sache, denn es geht dem Gericht bei diesem Kontakt im Kern „nur" darum, ob und welche Selbstschutzlücken bestehen.

Wenn eine ältere Dame im Zuge eines solchen Gesprächs zum Beispiel zunächst heftig bestreitet, jemals Kinder gehabt zu haben und später erzählt, sie seien noch klein (zeigt dabei mit der Hand etwa einen Meter vom Boden), bedarf es keiner weiteren „Klarstellung". Und es ist dann nicht zu erwarten, dass sie sich im rechtsgeschäftlichen Bereich selbst schützen kann. Die weiteren Tatsachenermittlungen erfolgen nötigenfalls gesondert.

Man kann im Übrigen nicht verlangen, zu Anhörungen zugezogen zu werden. Wer selbst etwas vorbringen möchte, muss das gegebenenfalls gesondert tun.

Keine Kostenerstattung

Auslagen muss man in der Regel selbst tragen. Wer also eine Rechtsanwältin oder einen Rechtsanwalt zuzieht, wird diese Kosten selbst aufbringen müssen, selbst wenn er „Recht bekommt".

Der Betreuungsbeschluss

In dem Beschluss, der die Betreuung anordnet, steht, für wen er gilt und wer Betreuer wird. Außerdem werden der oder die Aufgabenkreis(e) genannt.

Betreuungsentscheidungen sind jeweils zu befristen. Der Fristablauf bedeutet aber nicht ohne weiteres, dass damit „alles erledigt" ist. Es ist dann vielmehr in der Regel nur zu prüfen, ob eine Aufhebung möglich oder eine Verlängerung bzw. Änderung geboten ist.

Befristung von Betreuungsbeschlüssen

MUSTER

Amtsgericht *10.5.2003*
22 XVII 1233 B / 03
Beschluss
In dem Betreuungsverfahren für
Frau Anna Berndt, geb. 6.2.1929, wohnhaft in Seniorenresidenz Am Stein,

1. *wird Frau Martha Glück, Asseweg 12, 28441 Remlingen, als Berufsbetreuerin, zur Betreuerin bestellt.*
2. *Der Aufgabenkreis der Betreuung umfasst:*
   Wohnungsangelegenheiten,
   Vermögenssorge.
3. *Das Gericht wird spätestens bis zum 9.5.2008 über eine Aufhebung oder Verlängerung der Betreuung beschließen.*
4. *Die Entscheidung ist sofort wirksam.*

Gründe:
Es ist erforderlich, eine Betreuerin zu bestellen, weil die Betroffene aufgrund einer Krankheit bzw. Behinderung die o.a. Angelegenheiten nicht selbst besorgen kann. Das folgt aus dem Ergebnis der gerichtlichen Ermittlungen, insbes. aus dem ärztlichen Zeugnis/Gutachten, den Berichten der Sozialdienste und dem unmittelbaren Eindruck des Gerichts.

Die Betroffene ist mit dieser rechtlichen Hilfe einverstanden. Sie hat selbst keinen Vorschlag zur Auswahl einer/s Betreuers/in unterbreitet. Das Gericht hat die eingangs bezeichneten Person ausgewählt, die geeignet und bereit erscheint, in den zugewiesenen Aufgabenkreisen die Angelegenheiten der Betroffenen zu besorgen und sie hierbei im erforderlichen Umfang rechtlich zu betreuen.

Rechtsmittelbelehrung:
Gegen diese Entscheidung ist das Rechtsmittel der Beschwerde zulässig. Sie ist bei dem Amtsgericht Remlingen oder bei dem Landgericht Annaheim einzulegen. Die Einlegung erfolgt durch Einreichung einer Beschwerdeschrift oder durch Erklärungen zu Protokoll der Geschäftsstelle eines Gerichts.

Bestellt ist damit eine Betreuerin, deren Tätigkeit zu bezahlen ist. Sie ist in den genannten Gebieten handlungs- und entscheidungsbefugt, und zwar nur in diesen.

Als Kontrollfrist ist die Maximalfrist von fünf Jahren bestimmt. Spätestens nach dieser Zeit wird der Richter prüfen, ob die Betreuung noch erforderlich ist, aber auch schon jederzeit vorher, wenn es dafür Anhaltspunkte gibt.

Frist für Überprüfung der Betreuungsnotwendigkeit

Was in den „Gründen" steht, ist für die Wirksamkeit unerheblich. Es ist ein bloßer Begründungsversuch. Die Entscheidung gilt auch dann, wenn die Begründung so nichtssagend ist wie in dem Muster zuvor.

Die Entscheidung kann angefochten werden. Sie gilt zunächst, selbst wenn sie angegriffen wird. Erst wenn sie aufgehoben werden sollte, entfällt ihre Wirkung, aber auch dann nicht rückwirkend, sondern nur für die Zukunft.

Anfechtung der Entscheidung

Der Beschluss enthält keine Kostenentscheidung. Kosten werden direkt erhoben, aber nur dann, wenn der Betreute über ein das Schonvermögen um 25.000 Euro übersteigendes Gesamtvermögen verfügt.

Einstweilige Anordnungen

Immer wieder werden Betreuungsanträge aufgeschoben, in der Hoffnung, es werde doch noch ohne gehen. Dabei darf nicht vergessen werden, dass vor der Anordnung einer Betreuung ein gerichtliches Verfahren unter Beteiligung anderer steht. Das dauert in der Regel wenigstens einige Wochen, wenn nicht Monate.

Normale Verfahrensdauer

Es gibt jedoch auch die Möglichkeit einstweiliger Anordnungen. Insoweit kann schon ohne Sachverständigengutachten ein vorläufiger Betreuer bestellt werden. Wenn ein Vorgang wirklich dringlich ist, kann eine Betreuungsentscheidung von dem Erstkontakt bis zur Verpflichtung in weniger als einer Stunde durchgeführt werden. Eilig ist eine Sache jedoch nicht schon deshalb, weil man Wochen untätig gewartet hat und es deshalb jetzt „brennt". Nötigenfalls kann das Gericht sogar sofort entscheiden, sobald eine ärztliche Stellungnahme vorliegt.

In dringenden Fällen Sofortentscheidung möglich

Folgen der Anordnung einer Betreuung

Die Betreuung soll in erster Linie als Hilfe verstanden werden. Mit der Anordnung der Betreuung verliert der

Betreute keine Eigenentscheidungsmöglichkeit. Ob er sie hatte und weiter hat, bestimmt sich nicht nach dem Betreuungsrecht, sondern nach dem so genannten Allgemeinen Teil des BGB. Dort sind erheblich Kranke und Behinderte geschützt. Sie sollen sich nicht durch eigene Erklärungen selbst schaden können. Ihre Erklärungen sind deshalb in der Regel unwirksam, wenn sie nicht übersehen können, was sie dadurch auslösen. Sind die Betroffenen nicht so krank oder behindert, bleiben sie geschäftsfähig, auch wenn sie einen Betreuer erhalten.

Das Problematische an dem Schutz aus dem Allgemeinen Teil ist, dass er auch dann eingreift, wenn es um wirtschaftlich günstige Verträge oder Handlungen geht. Der Gesetzgeber ist dort sehr resolut vorgegangen und hat sich bisher nicht bereit finden können, das wesentlich zu ändern, da andernfalls Missbrauch zu befürchten ist.

Geschäftsfähigkeit und Einwilligungsfähigkeit

Geschäftsfähigkeit

Die Anforderungen, die sich für Entscheidungen ergeben können, sind ganz unterschiedlich. Dem entsprechen begriffliche Unterscheidungen. Die Geschäftsfähigkeit bezieht sich auf Rechtsgeschäfte, zum Beispiel die Möglichkeit, selbst Verträge abschließen zu können.

Beispiel:

Anton Maier soll so behindert sein, dass er geschäftsunfähig ist. Er möchte gerne einen Ohrstecker. Sein Betreuer ist dagegen, befürchtet Entzündungen. Der Betreuer hat den Aufgabenkreis Vermögenssorge.

Weiter Schutz

Anton Maier geht zu einem Juwelier, lässt sich die Löcher stechen und bezahlt mit Geld, das er sich von einem Freund geliehen hat.

Der Betreuer wird ärgerlich, als er dies am nächsten Tag sieht, geht zu dem Juwelier, verlangt das Geld zurück und erklärt, er werde ihn wegen Körperverletzung anzeigen.

Kein Gutglaubensschutz

Der Juwelier wird das Geld ersatzlos herausgeben müssen. Es kommt nicht darauf an, ob er die mangelnde Geschäftsfähigkeit erkennen konnte. Hier greift der Schutz, der durch die Geschäftsunfähigkeit erzielt werden soll.

Einwilligungsfähigkeit

Im Bereich persönlicher Maßnahmen, also für die Frage der Körperverletzung, kommt es nicht auf die Geschäftsfähigkeit, sondern die so genannte Einwilligungsfähigkeit an. Ob Anton Maier einwilligungsfähig ist, kann mit den bisherigen Angaben nicht beurteilt werden.

Ist Anton Maier einwilligungsfähig, hat nur er das Entscheidungsrecht. Einwilligungsfähig kann er auch dann sein, wenn er geschäftsunfähig ist, aber die Bedeutung der körperlichen Eingriffe versteht und angemessen bewerten kann.

Ist er einwilligungsunfähig, hätte der Betreuer die Entscheidungskompetenz, wenn er auch diesen Aufgabenkreis hätte. Einwilligungsunfähig ist, wer die entsprechende (ärztliche) Aufklärung und Beratung nicht versteht und/oder seinen Willen nicht danach sachgerecht ausrichten kann. Die Fähigkeit, „Ja" oder „Nein" zu sagen oder gleichartige Zeichen zu geben, genügt nicht.

Einwilligungsvorbehalt

Beispiel:

Die zeitweise schon recht verwirrten Eheleute Anton und Berta Müller, beide 83 Jahre alt, leben zurückgezogen in einem ländlichen Anwesen. Sie haben wenig Außenkontakte. Die Kinder wohnen weit entfernt. Müllers erhalten zugehende Hilfe und Essen auf Rädern. Sie freuen sich über jeden Besuch. Das scheint sich herumgesprochen zu haben. Die Eheleute bewirten alle Besucher freundlich und unterschreiben gern, was ihnen vorgelegt wird, weil die Besucher sich dann so freuen. Auf diese Weise sind Müllers innerhalb von wenigen Monaten Bezieher mehrerer Fernsehzeitschriften, Buchclubs, Inhaber diverser Mobiltelefone und Vertragspartner von mehr als fünf Verträgen über den Umbau ihres Hauses geworden.

Betreuung entmündigt nicht

Die Mitarbeiterin des Gesundheitsamtes möchte ihnen helfen und regt eine Betreuung für Vermögenssorge an. Die meisten der Vertragspartner beharren auch danach darauf, ihre Ansprüche seien zu erfüllen. Schließlich gebe es keine Entmündigung mehr.

Natürlich gibt es Widerrufsmöglichkeiten bei Haustürgeschäften, aber das hilft Menschen wie Müllers oft wenig.

Und man könnte mit jedem Außenstehenden streiten und behaupten, Müllers seien geschäftsunfähig. Das ist für sie verletzend und zermürbend. Selbst wenn man das gegenüber einem durchgesetzt hat, muss man es bei dem nächsten wieder tun.

An dieser Stelle kann die Anordnung eines so genannten Einwilligungsvorbehaltes derartige Debatten beenden. Sie führt dazu, dass Betreute für rechtlich wirksame Handlungen, die sie sonst allein wahrnehmen könnten, „entrechtet" werden, einem beschränkt Geschäftsfähigen gleichgestellt werden. Dann gelten diese Erklärungen nur noch mit Zustimmung des Betreuers, die der hier nicht geben wird.

Pauschale Begrenzung statt Einzelauseinandersetzungen

Der Einwilligungsvorbehalt ist auf das Notwendige zu beschränken. Das kann bei den Eheleuten Müller zum Beispiel innerhalb der Vermögenssorge für den Bereich von Geschäftsabschlüssen im Haus geschehen. Kann der Betreuer solchen Unternehmen den Beschluss mit dem Einwilligungsvorbehalt entgegenhalten, ist in der Regel jeder Streit zu Ende.

Einwilligungsvorbehalte spielen trotz des auf das Gegenteil verweisenden Wortlautes praktisch nur bei finanziellen Vorgängen eine Rolle. Eine „Entrechtung" zu personenbezogenen Entscheidungen wird aus verfassungsrechtlichen Gründen nicht möglich sein. Bei der Einwilligungsfähigkeit gibt es anders als bei der Geschäftsfähigkeit kein Zwischending, keine „beschränkte Einwilligungsfähigkeit".

Bei Vollmachten ergänzende Betreuung notwendig

Ein Einwilligungsvorbehalt zur unmittelbaren Ergänzung von Vorsorgeregelungen ist nicht möglich. Wenn er notwendig werden sollte, muss eine rechtliche Betreuung eingerichtet werden. Damit kann dann in gleicher Weise eingegriffen werden. Die Betreuung wird auf eine ergänzende Funktion beschränkt bleiben, wenn es keinen Anlass gibt, die Vollmacht insgesamt infrage zustellen.

Einzelprüfungen bei Eheschließungen und Verfügungen von Todes wegen

Für Eheschließungen und Verfügungen von Todes wegen sind Anordnungen eines Einwilligungsvorbehaltes nicht möglich. Allerdings kann die Geschäftsunfähigkeit einer Eheschließung bzw. einer Testamentserrichtung entgegenstehen. Das prüft und entscheidet aber nicht das Vormundschaftsgericht oder der Betreuer, sondern die jeweils angerufene Stelle, z. B. der Standesbeamte.

Aufgaben der Betreuer und Haftung

Regelungen zum Wohl des Betreuten

Der Betreuer hat die rechtlichen Angelegenheiten des Betreuten so zu regeln, wie es sein Wohl erfordert. Es ist leider unmöglich, das Wohl grundsätzlich so zu beschreiben, dass man im Einzelfall damit wirklich etwas anfangen kann. Gibt es Streit, werfen sich die Beteiligten regelmäßig vor, sie wüssten, was das wahre Wohl des Betroffenen erfordere. Die anderen lägen bei ihren Vermutungen völlig falsch.

Gelegentlich folgen dann maschinenschriftliche Eingaben, die von den Betroffenen bzw. Betreuten unterschrieben werden mussten.

Es ist ein Irrtum, wenn angenommen wird, in der Betreuung sei stets das zu tun, was der Betreute wolle. Das ist ein weit verbreiteter Irrtum. Richtig ist die Annahme dennoch nicht. Es ist sinnlos, so lange auf den Betroffenen einzuwirken, bis er erklärt, genau so solle es laufen. Aus einer solchen Unterzeichnung kann nicht abgeleitet werden, was seinem Wohl dient, sondern eher ein Missbrauch durch den Handelnden, eventuell sogar seine mangelnde Eignung.

Die Wünsche der Betreuten sind wichtig. Sie sind stets zu berücksichtigen, aber nicht alleiniger Maßstab. Das macht zugleich den Schrecken aus, den rechtliche Betreuung manchmal verbreitet.

Wille des Betreuten nicht allein Maßstab

Dass die Behauptung, der Wille sei allein wichtig, so allgemein nicht richtig ist, ergibt sich schon aus der eingeschränkten Bindung an Vorschläge des Betroffenen für die Betreuerauswahl. Weiter zeigt es sich im Bereich psychischer Krankheiten. Wenn dort der jeweilige (Stunden-, Tages-) Wille der zu Behandelnden der einzig zählende Maßstab wäre, wären betreuungsrechtliche Maßnahmen aussichtslos. Wenn die Behauptung richtig wäre, dürfte es auch keine Möglichkeit für einen Einwilligungsvorbehalt geben und keine Unterbringungsmaßnahmen. Der Aufenthalt in einer „beschützenden Station" wird gerade damit begründet, dass der Betroffene selbst nicht mehr zureichend beurteilen kann, was ihm nützt und was ihm schadet.

Nehmen als Hilfe

Es gehört zu den Grundlagen jeder ernsthaften Hilfe, dass sie nicht auf Geben beschränkt ist. Hilfe kann manchmal gerade ein Wegnehmen erfordern. Dass das aus Sicht desjenigen, dem genommen wird, nicht positiv empfunden wird und nicht als Zuwendung erscheint, liegt in der Natur der Sache.

Vielleicht ist das einer der Gründe dafür, weshalb es so schwer fällt, eine so umfassende Vorsorgevollmacht zu erstellen, dass eine Betreuung mit großer Wahrscheinlichkeit entbehrlich wird. Wenn sie das erreichen soll, muss sie so weit gehen, dass schon der Eindruck einer „Selbstentmündigung" entstehen kann.

Aufgabenkreise

Die Rechte und Pflichten des Betreuers richten sich nach den zugewiesenen Aufgabenkreisen. Wer außerhalb dieser Zuständigkeit handelt, tut das auf eigenes Risiko.

Es gibt keine fest definierten Aufgabenkreise. Mit den Jahren haben sich einige eingebürgert, die oft verwendet werden. Die wichtigsten sind:

Übliche Bezeichnungen für Tätigkeitsbereiche

- Aufenthaltsregelung oder Aufenthaltesbestimmungsrecht,
- Gesundheitsfürsorge oder Zustimmung zu ärztlichen Maßnahmen,
- Vermögenssorge,
- Wohnungsangelegenheiten.
- Alle Angelegenheiten. Nur diese Anordnung führt zum Verlust des Wahlrechts.
- Post. Achtung: „Alle" enthält nicht die Befugnis zum Zugriff auf die Post.
- Sterilisation. Das erfordert zwingend einen gesonderter Betreuer!
- Bevollmächtigtenkontrolle.

Die meisten dieser Aufgabenkreis bedeuten auch das, was man vermutet, wenn man alltagssprachlich darüber nachdenkt.

Aufgabenkreis Post

Probleme gibt es jedoch mit der Berechtigung, auf die „Post" zuzugreifen. Dabei geht es nicht um Briefe an sich. So ist es unzutreffend, wenn immer wieder behauptet wird, ergänzend zur Vermögenssorge würde der Aufgabenkreis „Post" benötigt, weil sonst kein

Schriftverkehr für den Betreuten geführt werden könne. Gemeint ist hier nur das verfassungsrechtlich geschützte Briefgeheimnis, das nicht berührt ist, wenn ein Brief an den Betreuer als Vertreter des Betreuten gerichtet ist. Die Betreuer werden regelmäßig dafür Sorge zu tragen haben, dass der laufende Geschäftsverkehr so abgewickelt wird. Es ist nicht zulässig, vorsorglich ohne besonderen Anlass erst einmal auf den gesamten auch privaten Briefverkehr des Betreuten zuzugreifen. Bereits im Sortieren und Zuweisen liegt schon eine Zensur.

Beobachtungspflichten des Betreuers

Der Betreuer hat Kompetenzen allein im bestellten Rahmen. Er ist Rechtsvertreter, hat das Nötige zu organisieren und zu entscheiden; er muss nicht selbst Hand anlegen. Die Pflichten zur Beobachtung gehen allerdings weiter: Er muss prüfen, ob Veränderungen angezeigt sind, und dem Gericht berichten.

Beispiel:

Hans Klaas lebt seit kurzem in einem Seniorenheim. Er muss zu einem Augenarzttermin. Das Heim ruft die zur rechtlichen Betreuerin bestellte Tochter an und weist auf den Termin hin. Sie möge bitte rechtzeitig kommen, den Vater zu dem Termin fahren und sich ausreichend Zeit nehmen. Erfahrungsgemäß sei eine erhebliche Wartezeit zu befürchten.

Der Vermieter der gekündigten und geräumten Wohnung meldet sich auch und verlangt, dass die Betreuerin endlich den Keller leer räume. Wenn das nicht umgehend geschehe, werde er ihr die Miete für die nächsten Monate in Rechnung stellen.

Ob die Betreuerin überhaupt „zuständig" ist, kann erst beantwortet werden, wenn der ihr zugewiesene Aufga-

Zuständigkeit nur in zugewiesenen Aufgabenkreisen

benkreis betrachtet wird. Hat sie auch die „Gesundheitsfürsorge", muss sie sich um den Arzttermin kümmern. Das heißt aber nicht, dass sie als Betreuerin Taxifahrerin und Begleiterin ist. Sie muss den Ablauf organisieren und sicherstellen. Sie muss nötigenfalls auch mit dem Arzt reden und entscheiden, nicht aber die Hilfsdienste selbst leisten. Wenn sie es dennoch tut, handelt sie als Tochter, nicht als rechtliche Betreuerin. Sie kann zum Beispiel die dann aufgewendeten Fahrtkosten nicht als Betreuungsauslagen geltend machen.

Auch das Ausräumen des Kellers ist nur dann ihre Angelegenheit, wenn sie zum Beispiel die „Vermögenssorge" hat. Sie muss ihn dann aber nicht ausräumen, sondern wieder nur dafür sorgen, dass das geschieht. Etwaige Restmieten schuldet nicht sie selbst. Als Betreuerin handelt sie im Namen und für Rechnung des Betreuten, solange sie sich an den Aufgabenkreis und ihre Funktion als rechtliche Betreuerin hält. Bezahlen muss also der Betreute, sie hat das gegebenenfalls mit seinen Mitteln zu veranlassen.

Begrenzung der Macht des Betreuers

Das Betreuungsrecht ist bestrebt, die Aufgabenkreise zu minimieren, die Betroffenen nur so viel unter Betreuung zu stellen, wie unausweichlich ist. Das kollidiert gelegentlich mit dem Wunsch der Betreuer, möglichst umfassend für ihren Betreuten sorgen zu können. Nicht ganz selten wollen Betreuer „mehr Macht", weil das doch nötig sei, um den Betroffenen zureichend schützen zu können.

Beispiel:

Franz Meier (26 Jahre alt) lebt seit seiner Volljährigkeit in einer Einrichtung für geistig Behinderte. Er ist erheb-

lich geistig behindert, benötigt für viele Dinge des täglichen Lebens Anleitung, kann sich mit 2- bis 3-Wort-Sätzen zu alltäglichen wiederkehrenden Vorgängen verständigen. Franz Meier kennt den Wert einiger Geldstücke. Er fühlt sich in der Einrichtung wohl, betrachtet sie als sein „Zuhause".

Seine Schwester ist zur rechtlichen Betreuerin bestellt worden mit dem Aufgabenkreis: Vermögenssorge mit Ausnahme der Verwaltung des Barbetrages sowie Entscheidung über und gegebenenfalls Zustimmung zu medizinischen Eingriffen. Sie meint, sie müsse auch das Aufenthaltsbestimmungsrecht zugewiesen erhalten. Zudem sei die Einschränkung bei der Vermögenssorge und der Gesundheitsfürsorge unangemessen.

Anders beschriebene Aufgaben

Es soll hier nicht diskutiert werden, ob die Fassung dieser Aufgabenkreise glücklich formuliert ist. Es ist eine andere Formulierung gezeigt worden, um zu verdeutlichen, dass es keine einheitlichen Texte gibt. Nach den Vorstellungen des Gesetzgebers soll das jeweils so individuell wie möglich gefasst werden.

Gemeint ist durch den Beschluss offensichtlich, dass Franz Meier sein Taschengeld allein ausgeben können soll und dass die ärztliche Standardversorgung mit ihm selbst abgesprochen werden könne.

Freiräume für Eigenverantwortlichkeit

Unser Menschenbild vertraut der Eigenverantwortlichkeit, ermöglicht Erprobungsfreiräume und will auch, dass nicht nur Unbehinderte die Möglichkeit haben sollen, Fehler zu machen und daraus zu lernen. Eine Überbehütung wird eher als Problem, nicht als positive Leistung gesehen. Das ist für die, die Hilfe geben wollen, nicht immer leicht zu akzeptieren.

Das Aufenthaltsbestimmungsrecht scheint bewusst nicht mit aufgenommen worden zu sein, weil es keinen aktuellen Regelungsbedarf gibt. Eine etwaige Beschwerde wird jedenfalls zu dem Aufenthaltsbestimmungsrecht erfolglos bleiben müssen. Der Aufenthalt ist geregelt. Ein weitergehender Entscheidungsbedarf ist derzeit nicht ersichtlich.

Es gibt schließlich Aufgabenkreise, die in einer Vollmacht zwar theoretisch denkbar sind, aber praktisch nicht vorkommen, wie zum Beispiel zu einem Umgangsregelungsrecht.

Beispiel:

Unterbindung unerwünschter Besuche

Sarah Lentz, 84 Jahre, ist altersverwirrt. Sie ist jetzt in eine Alteneinrichtung gezogen und erhält seit einiger Zeit recht intensive Besuche von einem verschuldeten Neffen. Die mit einer Vorsorgevollmacht ausgestattete Tochter von Frau Lentz hört von der Heimleitung, dass der Neffe vor einigen Tagen den Besuch eines Notars angekündigt habe. Der Notar meint auf ihren Anruf, er sei nicht berechtigt, ihr Auskünfte zu geben. Sie möge sich an Frau Lentz wenden. Der Neffe erklärt ihr, es gehe sie nichts an, wenn Frau Lentz ihn fördern wolle, wie sie es in der Vergangenheit ja auch immer getan habe. Wenn sie meine, den Notarbesuch verhindern zu sollen, müsse er eben eine Spazierfahrt mit Frau Lentz machen.

Frau Lentz erinnert sich an keinen Notar und erzählt auf die Nennung des Namens des Neffen eine Geschichte aus dessen Kindheit.

Unterstellt, dass die Sorge der Tochter berechtigt ist: Mit ihrer Vollmacht wird sie wenig bewirken können. Durch eine Vorsorgevollmacht kann die Tochter in solch einem

Fall nicht wirkungsvoll steuern. Selbst wenn das damit möglich wäre, wäre sie auf einen Zivilprozess angewiesen, der in jeder Hinsicht aufwendig werden kann.

Mit einer ergänzenden Betreuung und dem etwaigen Aufgabenkreis „Umgangsregelung" wäre hier manches einfacher, zumal dort das Vormundschaftsgericht unmittelbar einbezogen werden, nötigenfalls mit Zwangsmaßnahmen unterstützen kann.

Ergänzung der Vorsorgevollmacht bei geänderten Verhältnissen

Solche Fälle sind nicht häufig. Sie verdeutlichen aber, dass die Vorsorgevollmachten in der Regel im Vertrauen auf stabile Verhältnisse erstellt werden. Die hilfsweise zur Verfügung stehende rechtliche Betreuung kann ergänzend einbezogen werden, wenn sich zeigt, dass dieses Vertrauen unberechtigt war oder durch veränderte Umstände enttäuscht worden ist.

Haftung

Pflichten des Betreuers

Betreuer sind für vieles verantwortlich, aber nicht für alles. Für vieles heißt, sie sind für jede Fahrlässigkeit und sogar selbst dann verantwortlich, wenn das Gericht etwas konkret geprüft und genehmigt hat. Die Genehmigung entlastet den Betreuer nicht. Seine Haftung hat Vorrang.

Der Betreuer haftet dem Betreuten für jedes Verschulden, für jede schuldhafte Verletzung der Betreuerpflichten. In der Regel entsteht dabei selten Streit mit dem Betreuten, meist erst mit den Erben.

So hat bei einer beantragten Anlagegenehmigung, die erst mit erheblicher Verzögerung erteilt wurde, der Erbe – durch zwei Instanzen erfolgreich – Regress wegen der verlorenen Zinsen geltend gemacht. Dem Betreuer wurde vorgeworfen, er habe sich nicht mit der Antragstellung begnügen dürfen, sondern er hätte nachfragen und drängen müssen. Dann wäre es zu einer schnelleren Umsetzung gekommen.

Handeln ohne Aufgabenzuweisung

Der Betreuer haftet Dritten als Vertreter ohne Vertretungsmacht, wenn er Rechtsgeschäfte schließt, die nicht in seinen Aufgabenkreis fallen. Er kann aber auch als berechtigter Vertreter selbst haften, wenn er eigenes Vertrauen in Anspruch nimmt oder sonstige nebenvertragliche Pflichten verletzt.

Beispiel:

Frau Maier ist für ihren Mann zur rechtlichen Betreuerin mit dem Aufgabenkreis „Gesundheitsfürsorge und Aufenthaltsregelung" bestellt worden, nachdem er durch einen massiven Schlaganfall erheblich behindert war. Die Vermögenssorge ist nicht aufgenommen worden, weil ein gemeinsames Konto bestand, über das sie verfügen konnte und ihr auch die Abrechnung erspart bleiben sollte.

Vertretung ohne Vertretungsmacht

Herr Maier kommt zu einer Kurzzeitpflege in ein Heim, als Frau Maier zur Kur fährt. Sie hat den Vertrag als Betreuerin unterzeichnet. Später gibt es Ärger mit der Bezahlung. Das Heim verklagt Frau Maier auf Ausgleich. Sie verweist darauf, sie habe als Betreuerin gehandelt.

Dieser Einwand dürfte nichts nutzen. Da Frau Maier keine „Vermögenssorge" hatte und die Aufenthaltsregelung für den Abschluss des Vertrages nicht ausgereicht haben dürfte, hat sie als Vertreterin ohne Vertretungsmacht gehandelt. Also ist sie selbst ausgleichspflichtig.

Beispiel:

In dem zuvor genannten Fall soll Frau Maier auch die „Vermögenssorge" haben. Das Heim hatte Bedenken angemeldet, ob die Kostentragung auch wirklich gesichert sei. Darauf hat Frau Maier erwidert: „Sie kennen mich und wissen, dass sie sich auf mich verlassen können. Die Sache geht in Ordnung." Dann hat die Bezahlung aber doch nicht geklappt.

Hier wird Frau Maier nicht als Vertreterin ohne Vertretungsmacht gehandelt haben. Sie hat aber ausdrücklich Vertrauen in ihre persönliche Integrität in Anspruch genommen. Damit dürfte sie ebenfalls eine eigene Haftung ausgelöst haben.

Haftung kann weite Auswirkungen haben

Nun mag eingewandt werden, das sei doch unerheblich, weil sie sich das Geld wiederholen könne. Aber: Zum einen ist die Frage, ob genug vorhanden ist. Zum anderen: Wenn sie selbst haftet, kann ein Urteil gegen sie erwirkt werden und daraus mindestens 30 Jahre lang vollstreckt werden, auch dann noch, falls der Betreute längst verstorben ist, und selbst wenn das Erbe wertlos war oder wegen Überschuldung sogar ausgeschlagen worden sein sollte.

Beispiel:

In einem durch Gerichte entschiedenen Fall ging es darum, dass ein geistig Behinderter in ein Auto gelaufen war. Er verstarb an den Unfallfolgen. Der zum rechtlichen Betreuer bestellte Vater wurde verklagt. Er sollte den Sachschaden an dem Auto bezahlen.

Die Klage war in allen Instanzen erfolglos. Nur wenn der Betreuer aufsichtspflichtig ist, kommt eine Haftung

Aufsichtpflicht keine generelle Pflicht

für Schäden in Betracht, die der Betreute Dritten verursacht hat. Voraussetzung hierfür ist die Verletzung der Aufsichtspflicht. Den Betreuer betrifft das nur, wenn er gerade für diesen Bereich zuständig ist, der Aufgabenkreis auch die Verhinderung entsprechender Gefahren umfasst. Hier zeigt sich ebenfalls eine Wirkung daraus, dass der rechtliche Betreuer nicht wie die Eltern Minderjähriger Erzieher und Aufsichtführender, sondern „nur" Vertreter ist.

Beispiel:

Helga Beese ist für ihre Mutter zur rechtlichen Betreuerin bestellt worden (Gesundheitsfürsorge und Vermögenssorge). Die Mutter ist altersdement. Sie wohnt noch in der eigenen Wohnung. Zugehende Hilfen sind organisiert. Frau Beese lebt im Nachbarort, kommt spätestens jeden zweiten Tag.

Frau Beese ist in ständiger Sorge, dass die Mutter erneut vergisst, die Herdplatten auszustellen und das ganze Mietshaus mit unabsehbaren Folgen für die darin lebenden Menschen in Brand setzt.

Diese Ängste gehen meist viel tiefer als die um das Geld. Die rechtliche Zuordnung erfolgt aber nach denselben Kriterien. Da Frau Beese keine Zuständigkeit für „Aufenthaltsbestimmung" hat, stellt sich im Rahmen der bestehenden Betreuung zurzeit die Frage nach einem zu veranlassenden Umzug nicht. Für die „Gesundheit" der Mutter ist sie verantwortlich. Das ergibt sich im Übrigen auch aus dem so genannten Innenverhältnis, ihrer

Fürsorgepflicht gegenüber den Betreuten

Fürsorgepflicht für die Betreute. Für die Sicherheit der anderen Mietparteien wird sie als Betreuerin nicht verantwortlich sein. Sie ist keine Ordnungsmacht, die über die Betreute wacht, sondern für die Betreute bestellte rechtliche Helferin. Wie sie die Betreute schützt, unterliegt grundsätzlich ihrem eigenen Ermessen. Man mag daran denken, dass abends jeweils die Sicherungen ausgestellt werden oder an sonstige Maßnahmen. Vorwürfen mit Haftungsfolgen wird sich nur der ausgesetzt sehen, der sich hier darauf beschränkt, Angst zu haben.

Kein Drittschutz

Ob und wie lange die anderen Mietparteien ein etwaiges Risiko hinnehmen müssen, ist eine andere Frage, die nicht aus dem Betreuungsrecht beantwortet werden kann.

Sammelversicherungen für ehrenamtliche Betreuer

Insgesamt sind die Betreuten recht gut geschützt, müssen die ehrenamtlichen Betreuer dennoch keine besondere Besorgnis entwickeln. Die Bundesländer haben für ehrenamtliche Betreuer Sammelversicherungen abgeschlossen. Im Rahmen dieser Sammelversicherung besteht ein summenmäßig begrenzter Deckungsschutz in der Vermögensschadenshaftpflichtversicherung und der allgemeinen Haftpflichtversicherung. Über die Einzelheiten werden die Betreuer bei der Verpflichtung informiert.

Inanspruchnahmen aus Haftpflicht sind unverzüglich, gegebenenfalls über das Vormundschaftsgericht, an die Versicherung zu melden.

Berufsbetreuer müssen sich selbst versichern. Die meisten Gerichte akzeptieren keine beruflich Tätigen, die nicht zuvor einen ausreichenden Versicherungsnachweis erbracht haben. Eine gesetzliche Versicherungspflicht besteht aber noch nicht.

Kontrolle der Betreuer

Gerichtliche Aufsicht zum Schutz des Betreuten

Anders als ein Bevollmächtigter unterliegt ein gerichtlich bestellter Betreuer von seinem ersten Schritt an gerichtlicher Aufsicht und Gegenkontrolle.

Der Betreuer bekommt durch die Betreuungsentscheidung vom Staat über den Bestellungsbeschluss Macht über einen anderen Menschen. Derjenige, der diese Macht zuweist, ist danach sicher auch gehalten, aufzupassen, wozu diese Macht genutzt wird.

Anfangs- und Folgeberichte

Das Vormundschaftsgericht verlangt grundsätzlich einen Anfangsbericht bzw. ein Vermögensverzeichnis sowie jährliche Folgeberichte, nämlich eine Rechnungslegung, wenn die Vermögenssorge Aufgabenbestandteil ist, und einen Bericht zu den persönlichen Lebensbedingungen. Die Abrechnungen werden anhand der mit eingeforderten Belege recht genau geprüft.

Trotz aller Bemühungen im Betreuungsrecht, die persönlichen Dinge zu betonen, hat der Gesetzgeber die stärkste und engste Kontrolle der Betreuer durch das Vormundschaftsgericht im Bereich der Vermögenssorge vorgesehen. Nach wie vor ist die Angst vorherrschend, fremdes Geld könne zu Leichtsinn verführen.

Für bestimmte Maßnahmen Genehmigungen notwendig

Genehmigungen sind nur für einige Probleme aus dem persönlichen Bereich, so für Wohnungskündigungen, gravierende medizinische und Sicherungsmaßnahmen, vorgesehen.

Bei Geld ist das Gesetz viel enger. Es lässt nur sichere Anlagen zu. Sicherheit geht hier immer noch vor Rendite. Und es gibt Genehmigungsvorbehalte für praktisch alle

Grundstücksgeschäfte, für viele weitere finanzielle Geschäfte, die das Gesetz für besonders gefährlich oder belastend hält, wie zum Beispiel für Kreditaufnahmen. Schließlich auch für viele Kontenvorgänge.

Merkblatt mit Genehmigungserfordernissen

Bei der Verpflichtung wird dem Betreuer ein Merkblatt ausgehändigt, in dem die wesentlichen Genehmigungserfordernisse aufgelistet werden. Diese Merkblatt ist mühsam zu lesen, sollte dennoch sehr ernst genommen werden. Zum einen weigern sich Banken, die gewünschten Maßnahmen mitzumachen, denn die wissen in der Regel sehr genau, welche Genehmigungen nötig sind und verlangen zum eigenen Schutz eher mehr Nachweise als zu wenig. Zum anderen riskiert man eigene Haftung, wenn man Genehmigungspflichten ignoriert.

Weniger Kontrolle bei nahen Angehörigen

Der Genehmigungskatalog ist unterschiedlich, je nachdem, ob ein privater Betreuer oder zum Beispiel die Betreuungsbehörde handelt. Bei den privaten wird unterschieden, ob es sich um nahe Angehörige oder „Fremde" handelt.

Bei Bedarf Handlungsanweisungen durch das Gericht

Die Kontrolle setzt meist erst bei Handlungen des Betreuers an. Wenn es aber Probleme gibt, weil ein Betreuer nichts unternimmt, kann das Gericht auch durch andere angesprochen werden. Das Gericht wird nötigenfalls prüfen, ob die Vorwürfe einen belegbaren Inhalt haben.

Lehnt der Betreuer zum Beispiel Ausgaben ab, weil die vorhandene Kleidung genüge, sehen die Einrichtungsmitarbeiter das aber anders, hat der Betreuer keinen Anlass sich an das Gericht zu wenden. Der Betreuer ist in seinem Aufgabenkreis entscheidungsbefugt, aber nicht zu Willkür berechtigt. Wenn das Gericht die Vorwürfe für begründet hält, kann es den Betreuer zu anderem Verhalten veranlassen, nötigenfalls auch zwingen.

Ein Teil der Betreuer ist von Genehmigungen für Alltagsgeschäfte und von der Rechnungslegungspflicht befreit.

Doppelte Nachweispflichten

Das schwächt nur die Nachweispflicht gegenüber dem Vormundschaftsgericht ab, nicht die Rechnungslegungspflicht im Innenverhältnis, das heißt, nicht für die Nachweise bei Beendigung der Betreuung oder die Abrechnung mit den Erben. Der Hinweis der Betreuerin, das Gericht habe doch nie etwas beanstandet, fruchtet dann nicht. Dem Erben muss nötigenfalls jeder Euro nachgewiesen werden.

Diese gerichtlichen Kontrollen greifen bei Handlungen auf der Grundlage von Vorsorgevollmachten nur in einem ganz engen personenbezogenen Bereich. Selbst wenn ein Kontrollbetreuer bestellt wird, wirken sie sich nicht aus. Es ist ja nicht seine Aufgabe, selbst zu entscheiden. Er hat nur den Bevollmächtigten zu beaufsichtigen und von ihm Rechenschaft einzufordern. Damit greifen die Voraussetzungen der Genehmigungstatbestände noch nicht.

Ärztliche Maßnahmen und Entscheidungen am Lebensende

Medizinische Selbstbestimmung des Patienten

Vor jeder Behandlung ist ein Patient über die Maßnahme aufzuklären und seine Einwilligung einzuholen, hilfsweise die des rechtsgeschäftlichen auf Grund einer Vorsorgevollmacht berechtigten oder des gesetzlichen Vertreters, des Betreuers.

Eingriffe ohne derartige wirksame Zustimmung sind nur zulässig, wenn der Arzt sie nicht einholen kann und zusätzlich Gefahr im Verzuge besteht. Lebensrettende *Sofort*maßnahmen sind immer zulässig.

Wirksame Einwilligung nur nach Aufklärung

Aus dem Erfordernis, dass erst eine konkrete Aufklärung erfolgen muss und eine wirksame Einwilligung nur möglich ist, wenn das Risiko (in der Regel aus dieser Aufklärung) konkret gekannt wird, folgt zugleich, warum bei Patientenverfügungen die Teile, die sich auf Schmerztherapien und dergl. beziehen, so schwer zureichend konkret zu fassen sind.

Blankoeinwilligungen unwirksam

Blankovollmachten an den Arzt sind unwirksam. Es genügt nicht, dass der Wortlaut das Problem beschreibt, das sich später zeigen mag. Selbst wenn der Wortlaut die anstehende Maßnahme deckt, genügt das nicht. Sonst würde es auch vor der eigenen Operation genügen zu sagen: „Macht was ihr wollt, aber lasst mich zufrieden. Ich will die Risiken gar nicht wissen."

Ohne Einwilligung keine medizinische Behandlung

Ohne wirksame Einwilligung ist schon der kunstgerecht durchgeführte Eingriff mit den dabei gegebenenfalls zwangsläufig auftretenden Beeinträchtigungen ein schadensersatzfähiger Körperschaden.

Einwilligungsunfähige können ärztlichen Maßnahmen nicht wirksam zustimmen, früher abgegebene Erklärungen nicht wirksam ändern. Abzustellen ist dabei auf die konkrete Maßnahme mit ihren voraussehbaren Konsequenzen. Einwilligungsunfähig ist, wer die entsprechende ärztliche Aufklärung und Beratung nicht versteht und/oder seinen Willen nicht hiernach sachgerecht ausrichten kann. Die Fähigkeit, „Ja" oder „Nein" zu sagen oder gleichartige Zeichen zu geben, genügt nicht.

Gleichstellung von Vollmacht und Betreuung

Wenn jemand einwilligungsunfähig ist und keine wirksame konkrete Vorerklärung vorliegt, bleibt nur die Vertretung. Hier findet sich dann eine sonst ungewöhnliche Gleichstellung von Bevollmächtigung und Betreuung. Die Genehmigungserfordernisse sind gleichartig. Der Bevollmächtigte unterliegt denselben Genehmigungsvorbehalten. Das kann durch keine Verfügung ausgeschlossen werden.

Ausnahmsweise ist es dem Vormundschaftsgericht möglich, selbst, das heißt, ohne Bevollmächtigten und ohne Betreuer eine Einwilligung zu erteilen, zum Beispiel wenn noch kein Betreuer bestellt werden kann.

Genehmigungspflichten für Betreuer und Bevollmächtigte

Einschaltung des Vormundschaftsgerichts bei riskanten Maßnahmen

Hat der Betreuer oder der Bevollmächtigte anstelle des Betroffenen zu entscheiden, bedarf es einer vormundschaftsgerichtlichen Genehmigung als zusätzliche Wirksamkeitsvoraussetzung, wenn es sich um eine riskante oder eine Maßnahme mit starken Nebenwirkungen handelt. Das kann zum Beispiel bei einer Chemotherapie der Fall sein oder wenn es sich um stark eingreifende Maßnahmen wie eine Amputation handelt.

Der Gesetzgeber ist an dieser Stelle davon ausgegangen, dass es bei so einschneidenden Maßnahmen sinnvoll ist, einem Außenstehenden erklären zu müssen, warum diese Entscheidung für einen anderen Menschen richtig und sinnvoll sein soll. Der Betroffene kann ja nicht mehr selbst etwas dazu sagen. Arzt wie Betreuer oder Bevollmächtigter sind unmittelbar beteiligt. Das Gericht ist es nicht, sollte es jedenfalls nicht sein. Die Zuweisung an das Gericht ist nicht erfolgt, weil dort etwa die besseren Ärzte sitzen, sondern um diese Außenwirkung zu erzielen. Wenn es den Beteiligten gelingt, dem Gericht zu verdeutlichen, dass die Maßnahme nützt, wird die Genehmigung zu erwarten sein.

Genehmigungsbedürftigkeit

Beispiel:

Eine Betreuerin schrieb an das Gericht, es möge mitteilen, ob das Betreuungsgesetz von ihr tatsächlich die Einholung einer vormundschaftsgerichtlichen Genehmigung für die Beinamputation fordere. Ohne sie werde es zu einer Blutvergiftung kommen, der Betreute sterben. Das Beabsichtigte diene doch nur der Hilfe und sei daher notwendig.

Wenn das so ist, wird die Genehmigung erteilt werden; wenn nicht, wäre sie zu versagen. Die Genehmigung ist aber nicht schon entbehrlich, weil das Anliegen berechtigt ist.

Genehmigungsfähigkeit

Das ist bei Genehmigungsvorbehalten immer so und wird sonst nicht in Zweifel gezogen. Eine Beschwerde an die Führerscheinstelle, man könne schließlich Auto fahren, es sei doch abenteuerlich, dafür einen Nachweis zu fordern und somit viel Geld für eine Prüfung abzunehmen, kann mit keinem Verständnis rechnen. Wer es wirklich kann, erhält die Fahrerlaubnis, andernfalls wird sie versagt.

Auch die Klage von Bevollmächtigten, sie handelten schließlich im Sinne des Betroffenen, geht in gleicher Weise fehl, denn er kann sich nicht mehr wehren: Er übt aktuell nicht sein Selbstbestimmungsrecht aus, sondern hat es delegiert. Ob es in diesem Bereich in seinem Sinne ausgeübt wird, ist daher darzulegen. Wenn das gelingt, wird die Genehmigung erteilt.

Umstrittene Fälle

Für medizinische Maßnahmen besteht allerdings eine erhebliche Uneinigkeit darüber, wann die Voraussetzungen eines Genehmigungsbedarfs im Einzelnen vorliegen. Es kann sogar passieren, dass darüber die Richter desselben Gerichts oder verschiedene Sachbearbeiter einer Betreuungsbehörde unterschiedlicher Ansicht sind.

Einig ist man sich, dass das mit jeder Narkose verbundene Risiko nicht davon erfasst sein soll. Wenn der Betreute aber Kreislauf- oder Herzprobleme hat, kann das individuelle Risiko schon so hoch sein, dass eine gerichtliche Genehmigung nötig ist.

Das Grundproblem kennen inzwischen viele Ärzte, auch über ihre Versicherungen. Da die Ärzte ohne wirksame Einwilligung selbst für unvermeidbare Folgen einstehen müssen, weigern sie sich immer öfter, bei erhöhten Risken auf bloßen Zuruf Vertretungsberechtigter etwas zu unternehmen. Auch die Vorlage einer Vollmacht nützt dann noch nichts.

Zur Sicherheit das Gericht beteiligen

Da der gesetzliche Tatbestand so offen formuliert ist, kann man sich gegenwärtig kaum darauf einrichten, was alles für genehmigungspflichtig gehalten wird. Für Betreuer ist das in der Regel noch relativ unproblematisch, weil sie aus der Einbindung gelernt haben, das Gericht zu informieren und gegebenenfalls auch eine Genehmigung zu beantragen.

Bevollmächtigte oder Ermächtigte aus Patientenverfügungen, denken meist sehr viel weniger daran, dass sie bei solchen Einwilligungen nicht ohne das Gericht auskommen. Sie benötigen dieselben Genehmigungen, selbst wenn in der Vollmacht oder Verfügung steht, das Gericht müsse nicht angerufen werde. Davon kann nicht befreit werden.

Es hilft auch nicht, einfach zu handeln und darauf zu vertrauen, es werde schon keiner nachfragen. Die Einwilligung ist unwirksam, wenn sie ohne eine erforderliche gerichtliche Genehmigung erteilt worden ist, mit vollem Risiko für alle Handelnden.

Vertretung und Übertragungen von Entscheidungsbefugnissen

Beispiel:

Organisation des Alltags

Frau Hanna Gerber lebt in einer Senioreneinrichtung. Sie ist erheblich verwirrt. Der Sohn ist zum rechtlichen Betreuer bestellt. Er lebt circa 200 km entfernt und möchte mit dem Heim regeln, dass die Routinearztkontakte von dort veranlasst werden und das Personal auch die Medikamenteneinnahme überwacht.

Es ist möglich, Hilfspersonen zuzuziehen. Aufgabe des Betreuers ist es, zu organisieren und Vereinbarungen zu treffen. Er hat nicht im Zimmer zu sitzen und die Alltagsabwicklung umzusetzen oder die tägliche Medikamenteneinnahme zu kontrollieren.

Pauschale Übertragungen sind unwirksam

Dazu wird gerne vorgeschlagen, schon in dem Aufnahmevertrag von Einrichtungen eine umfassende pauschale Übertragung zu „vereinbaren".

Das ist ebenso sinnlos wie unwirksam. Auch Übertragungen setzen konkrete Beschreibungen voraus. Die

Einsatzfälle müssen klar umschrieben sein. Es muss den Umständen nach ausgeschlossen sein, dass eine besondere Aufklärung nötig wird. Pauschale Vereinbarungen können also nur für einfache Standardmaßnahmen wirksam vereinbart werden.

Entscheidungsübertragungen können nur so weit erfolgen, wie der Übertragende selbst wirksam handeln kann. Einwilligungsunfähige können nichts legitimieren. Betreuer und Bevollmächtigte können nichts übertragen, was sie nicht wirksam allein entscheiden können, zum Beispiel weil sie eine Genehmigung benötigen.

Den Beteiligten aus dem Eingangsfall kann mithin nur mit einer zureichend konkreten und auf die Standardmaßnahmen begrenzten Vereinbarung geholfen werden.

Entscheidungen am Lebensende

Hohe Verantwortung für Betreuer und Bevollmächtigte

Zu den schwierigsten Situationen für Bevollmächtigte wie Betreuer gehört es, persönliche Entscheidungen für den ihnen anvertrauten Menschen zu treffen, wenn damit unmittelbare Auswirkungen auf das Leben oder Sterben verbunden sind. Wenn wir uns bewusst machen, wie mühsam es ist, zu klären und auszusprechen, was wir für uns selbst in dieser Situation wünschen, wird deutlich, dass das für verantwortete Entscheidungen über andere, deren Vorstellungen und Hoffnungen wir immer nur unvollständig erfassen können, noch schwieriger ist.

Solange dabei allgemein über „Menschenwürde" oder „Angemessenheit" gesprochen wird, scheint das leicht.

Mit diesen Abstraktionen kommt man aber nicht weiter, wenn konkret zu beantworten ist, welcher Schritt jetzt versucht oder unterlassen werden soll.

Unterschiedliche Grundlagen

Nicht immer geht es sofort um das Sterben. Patientenverfügungen wie die zu ihrer Umsetzung und vertretungsweise zu treffenden Entscheidungen werden sich zunächst damit befassen, wie die Medizintechnik eingesetzt werden soll. Es geht meist vorrangig um Krankheitsbewältigung, erst nach deren Scheitern um die Frage des Weges in den Tod. Der kann geprägt sein von dem Wunsch nach schnellem Abschied aber auch dem nach medizinischer Maximalversorgung.

Entscheidungen von Betreuern und Bevollmächtigten sind in diesem Augenblick zunächst Entscheidungen über das Leben und erst danach zum Sterben. Solange versucht wird, durch Maßnahmen mit erheblichen Begleitrisiken oder massiven Nebenwirkungen das Leben zu stützen, ist das Vormundschaftsgericht von Bevollmächtigten wie Betreuern nach § 1904 BGB zu beteiligen, sind Genehmigungen erforderlich, wenn der Zeitablauf es zulässt.

Sterbehilfe durch Abbruch medizinischer Maßnahmen

Ob und in welchem Umfang das Vormundschaftsgericht auch dann zu beteiligen ist, wenn die Maßnahmen beendet werden, dem Patienten dadurch ein Sterben ermöglicht werden soll, war lange Zeit heftig umstritten.

Der BGH hatte 1994 in einem Strafrechtsfall, in dem unter anderem der behandelnde Arzt angeklagt und verurteilt worden war, entschieden, dass ein Abbruch lebensverlängernder Maßnahmen beim entscheidungsunfähigen, schwer kranken, aber noch nicht im Sterben

Genehmigungsbedarf für Bevollmächtigte und Betreuer

liegenden Patienten straflos in Betracht kommt, wenn dessen mutmaßlicher Wille bei strenger Prüfung dies deckt. Der BGH hatte weiter angenommen, die vormundschaftsgerichtliche Prüfung und gegebenenfalls Genehmigung oder Genehmigungsversagung müsse „erst recht" gelten. Das heißt, dass dann sowohl Bevollmächtigte, Ermächtigte aus Patientenverfügungen wie Betreuer nicht allein entscheiden könnten (§ 1904 BGB in entsprechender Anwendung).

Im selben Sinn fortgeführt worden ist diese Argumentation durch Entscheidungen verschiedener Oberlandesgerichte, bei denen es oft um die Genehmigungsbedürftigkeit wie -fähigkeit des Abbruchs von Maßnahmen ging (Beendigung der Ernährung durch eine PEG-Sonde).

Eltern entscheiden bei Minderjährigen

Bei Minderjährigen ist das anders. Das hat das Brandenburgische OLG im Jahr 2000, deutlich betont. Es ging um einen 7 Jahre alten Jungen, der beim Baden so schwer verunglückt war, dass er nur noch mit künstlicher Beatmung und Ernährung weiter leben konnte. Sein Gehirn war stark geschädigt, steuerte nur noch die „primitiven Regulationszentren". Das Gericht hat den Antrag, die Einstellung lebenserhaltender Maßnahmen gerichtlich zu genehmigen mit dem Hinweis zurückgewiesen, es gebe für Minderjährige keine Regelung wie in § 1904 BGB, der auch nicht entsprechend angewandt werden könne. Deshalb müssten die Eltern allein entscheiden.

Für Erwachsene gibt es jetzt eine neuere Entscheidung des Bundesgerichtshofs aus dem März 2003, in dem die Linie der Vorentscheidungen fortgeführt worden ist. Sie hat einiges geklärt, aber leider auch vieles offen gelassen.

Danach gilt: Konkrete Entscheidungen in Patientenverfügungen sind als Ausdruck des Selbstbestimmungsrechtes auch und gerade dann zu respektieren, wenn der Betroffene zu eigenverantwortlichen Entscheidungen nicht (mehr) in der Lage ist.

Den Sinn von Patientenverfügungen klären

Die Patientenverfügung ist für die Anwendung auszulegen. Sie trägt nur das, was der Betroffene bei Abfassung als Problem erkannt und beantwortet hat. Dinge und Abläufe, an die er ersichtlich nicht gedacht hat, sind dadurch nicht geregelt, auch wenn der reine pauschale Wortlaut sich darauf zu erstrecken scheint. Das entspricht allgemein anerkannten Auslegungsregeln. Es ist nicht am Wortlaut zu haften, sondern der wirkliche Wille zu ermitteln. Soweit der bei der Erstellung nicht vorhanden war, weil der Ablauf so nicht in Betracht gezogen wurde, deckt die Patientenverfügung selbst keine Handlungen oder Unterlassungen.

Bei eindeutigem Willen des Patienten keine Genehmigung nötig

Wenn die Patientenverfügung auf dieser Grundlage unmittelbar umsetzbar ist, bedarf es nie gerichtlicher Genehmigungen.

Ist eine Patientenverfügung nicht konkret genug oder gibt es keine, beurteilt sich die Zulässigkeit von Maßnahmen nach dem mutmaßlichen Willen des Patienten, der individuell zu ermitteln ist und nicht nach Standardbewertungen unterstellt werden darf.

Es heißt in dem Beschluss weiter: „Ist für einen Patienten ein Betreuer bestellt, so hat dieser dem Patientenwillen gegenüber Arzt und Pflegepersonal in eigener rechtlicher Verantwortung ... Ausdruck und Geltung zu verschaffen. Seine Einwilligung in eine ärztlicherseits angebotene lebenserhaltende oder -verlängernde Behandlung kann der Betreuer jedoch nur mit Zustimmung des Vormundschaftsgerichts wirksam verweigern ... Die Entscheidungszuständigkeit des Vormundschaftsgerichts ergibt sich *nicht* aus einer analogen Anwendung des § 1904 BGB, sondern aus einem unabweisbaren Bedürfnis des Betreuungsrechts."

Neue Probleme

Damit hat der Bundesgerichtshof leider neuen Streit verursacht. Da der BGH jetzt ausdrücklich auf „das Bedürfnis des Betreuungsrechts" abgestellt hat, kann man meinen, Bevollmächtigte seien anders als bei der analogen Anwendung von § 1904 BGB nicht betroffen. Andererseits hat der BGH am Ende seiner Entscheidung erklärt, es bestehe kein Wertungswiderspruch zu der Entscheidung von 1994. In der ist aber ausdrücklich § 1904 BGB herangezogen, woraus sich eine Erstreckung auch auf Bevollmächtigte ergeben würde.

Nicht nur die Eingangsgerichte verstehen diese und weitere Ausführungen ganz unterschiedlich. Man kann sich insoweit auf wenig verlassen.

Grundsätze

Patientenverfügungen und passive Sterbehilfe

1. *Patientenverfügungen gelten unmittelbar, wenn sie konkret die Situation regeln, um die es geht, das heißt, nicht nur vom Wortlaut, sondern auch von den Umständen. Es bedarf keiner gerichtlichen Genehmigungen.*
2. *Der Arzt hat sich am Patientenwillen auszurichten, er hat keine eigene Entscheidungsbefugnis.*

3. *Kein Arzt kann zu Maßnahmen gezwungen werden, die er medizinisch für falsch oder sinnlos hält. Ob man sich mit der Entscheidung dieses Arztes begnügt, ist nicht von ihm zu entscheiden. Unabhängig von sozialversicherungsrechtlichen Kostenfragen kann zivilrechtlich versucht werden, andere Meinungen zu hören und gegebenenfalls zu nutzen.*
4. *Sobald ein Vertreter für den einwilligungsunfähigen Patienten vorhanden ist (oder geschaffen werden kann), ist allein dieser Ansprechpartner und Entscheidungsvermittler für den Patienten. An ihm vorbei kann bzw. darf nichts geregelt werden, auch nicht unter Berufung auf eine Patientenverfügung oder gar den mutmaßlichen Willen des Betroffenen.*
5. *Entscheidungen über den Abbruch vom Maßnahmen mit dem Ziel, ein Sterben zu ermöglichen, bedürfen bei Betreuern wie Bevollmächtigten und Ermächtigten aus Patientenverfügungen der Genehmigung des Vormundschaftsgerichts. Das Gericht wird einen weiteren Arzt hören und kann im Ergebnis die Genehmigung erteilen oder versagen. Inhaltliche Kriterien dafür sind derzeit kaum beschreibbar.*
6. *Wie zu verfahren ist, wenn Maßnahmen nicht abgebrochen werden sollen, sondern von vornherein abgelehnt werden, ist zurzeit nicht generell zu beantworten.*

Tod ist keine Gefahr

Der BGH spricht von einem „Angebot" des Arztes. Der Arzt kann anbieten, darf aber nicht selbst anordnen, auch nicht „zur Rettung wegen Lebensgefahr". Es geht gerade darum, ob das Sterben (noch) eine Gefahr ist oder nicht gerade zulässiges Ziel. Der mutmaßliche Wille, möglichst lange leben zu wollen, trägt nicht.

Erstens sind durch die Patientenverfügung individuelle Hinweise für das Gegenteil vorhanden. Zweitens gibt es ein „Sprachrohr", den Vertreter. Der wiederum kann nur mit einer Genehmigung verweigern. Sein „Nein" gilt noch nicht. Dadurch wird daraus aber kein „Ja". Und ohne ausdrückliches „Ja" sind Behandlungen nicht zulässig.

Es handelt sich um eine Falle, die im Umfeld von ärztlichen Maßnahmen häufiger auftritt. Dabei wird gerne angenommen, wer sich nicht weigere, sei einverstanden. Das ist schon bei Einwilligungsfähigen nicht zutreffend, bei Koma-Patienten offensichtlich falsch.

Eigene Erklärungen wichtig

In dieser schwierigen Situation des Lebens bleiben die Beteiligten damit immer noch darauf verwiesen, jeweils vor Ort das Mögliche zu klären. Einfacher ist dies, wenn die Vorstellungen des Betroffenen bekannt sind, weil er sie in Form einer Patientenverfügung oder sonst nachvollziehbar aufgeschrieben hat.

Unterschriebene Formulare allein können dabei weniger helfen. Auch die angeblich eindeutigen sind im Einzelfall weniger wert als individuelle nachvollziehbare Äußerungen. Die sollten allerdings keine Romanform annehmen. Niemand kann erwarten, dass sie dann wirklich voll gelesen und vor allem auch noch im Sinne des Verfassers verstanden wird.

Bevollmächtigte oder Betreuer versuchen gelegentlich, eine konkrete „Patientenverfügung nachzureichen", in Extremfällen mit dem Wunsch an Alteneinrichtungen, sie seien so am Bett zu befestigen, dass bei Notfällen sofort deutlich werde, was nicht mehr gewünscht sei.

Patientenverfügungen nur gültig von Einwilligungsfähigen

Patientenverfügungen können nur von einwilligungsfähigen Betroffenen selbst erklärt werden. Eine Vertretung ist ausgeschlossen. Derartige Notarztzuziehungsverbote werden in dieser pauschalen Form meist unzulässig sein. So schwierige Fragen können nur in konkreter Absprache unter Zuziehung aller Beteiligten bzw. zu Beteiligenden geklärt werden.

Sicherungs- und Schutzmaßnahmen

Geschlossenen Unterbringung nur mit Genehmigung

„Beschützende Unterbringungen" können von Bevollmächtigten, Betreuern oder Ordnungsbehörden veranlasst werden. Allen Fällen ist gemein, dass nach unserer Verfassung niemand für mehr als einen nur ganz kurzen Zeitraum in einen geschlossenen Bereich gebracht werden kann, ohne dass ein Richter beteiligt wird (vgl. Art 104 GG). Niemand, kein minderjähriges Kind durch seine Eltern, kein Schwerkranker, selbst wenn er für andere gefährlich ist, kein psychisch Kranker, kein Betreuer und kein Vollmachtgeber.

Wirkung entscheidend

Dabei kommt es nicht auf die Art der Einrichtung an, sondern auf die Einschließungswirkung, die schon dadurch entstehen kann, dass jemand durch das Personal am Verlassen des Bereichs gehindert wird, durch Trickschaltungen oder sonstige Hilfsmittel.

Unterbringung in dem hier behandelten Sinn ist nicht identisch mit der umgangssprachlichen „Unterbringung". Wenn jemand in einem Heim „untergebracht" wird, ist das vielleicht eine Frage der Aufenthaltsregelung. Rechtlich wird es erst dann eine „Unterbringung", wenn es sich um ein Einschließen handelt, also die Verbringung in eine „beschützende" (geschlossene) Station.

Jede dieser Maßnahmen erfordert rechtliche Kompetenz (Aufenthaltsregelungsbefugnis), die (geschlossene) Unterbringung *zusätzlich* eine richterliche Genehmigung.

Befristete Einzelfallentscheidungen

Die Anträge und Genehmigungen müssen sich auf konkrete Vorgänge beziehen. Nur diese sind dann genehmigt. Mit der etwaigen Entlassung aus der Unterbringung werden die Genehmigungen gegenstandslos. Sie können nicht wegen einer vermeintlich unausgenutzten Restlaufzeit wieder hervorgezogen werden, wenn sich das nächste Problem ergibt. Die genannten Endfristen sind Maximalfristen, die nicht überschritten werden dürfen. Unterschritten können sie werden. Nur ist damit dann in der Regel auch die weitere Wirkung erledigt, selbst wenn keine klarstellende Aufhebung erfolgt.

Beschützende Unterbringungen durch Betreuer

Aufenthaltsbestimmungsrecht erforderlich

Betreuer oder sonst Ermächtigte können Regelungen nur dann treffen, wenn sie die Kompetenz zur Aufenthaltsregelung haben. Sie benötigen in der Regel zusätzlich eine gerichtliche Genehmigung. Das ist nicht erst nötig, wenn der Betreute widerspricht, sondern immer schon dann, wenn er nicht wirksam zugestimmt hat. Das bloße „ja, ist gut" besagt auch hier noch nichts.

Beispiel:

Fred Gustlaf lebt allein auf seinem recht verwilderten Grundstück. Er schläft jetzt in der Garage, weil das Haus baufällig und vollgemüllt ist.

Sein Bruder hat für ihn eine rechtliche Betreuung beantragt. Bestellt worden ist ein Berufsbetreuer mit dem Aufgabenkreis „Vermögenssorge und Zustimmung zu ärztlichen Maßnahmen".

Der Winter kommt heran. Die Garage ist nicht beheizbar. Der Betreuer hat Angst um die Gesundheit von Herrn Gustlaf, der sich weigert, die Garage zu verlassen. Der Betreuer beantragt bei dem Vormundschaftsgericht eine Einweisung in das Landeskrankenhaus. Er meint, die Weigerung könne angesichts des drohenden Frostes nur krankheitsbedingt sein. Herr Gustlaf sei zu untersuchen und nötigenfalls mit den notwendigen Medikamenten so zu beeinflussen, dass er die lebensnotwendigen Wohnungsentscheidungen mit tragen kann.

Entscheidungen des Betreuers

Der Antrag kann so keinen Erfolg haben, denn betreuungsrechtliche Unterbringungen sind nicht Maßnahmen des Gerichtes, sondern des Betreuers, die das Gericht beurteilt und gegebenenfalls genehmigt.

Außerdem fehlt diesem Betreuer der notwendige Aufgabenkreis für Aufenthaltsregelungen. Ob für beschützende Unterbringungen ergänzend die Befugnis zu Unterbringungsmaßnahmen zusätzlich zugewiesen worden sein muss, wird von den Gerichten unterschiedlich bewertet.

Voraussetzungen für Unterbringungen

Eine geschlossene Unterbringung durch den Betreuer setzt weiter voraus, dass der Betreute aufgrund einer psychischen Erkrankung oder einer geistigen oder seelischen Behinderung für sich selbst gefährlich ist oder eine notwendige Behandlung blockiert.

Bei Herrn Gustlaf ist das ungeklärt. Die Vermutung genügt nicht. Das Gericht benötigt aber ohnehin vor einer Genehmigung eine ärztliche Äußerung, ein Gutachten. Verweigert Herr Gustlaf die Untersuchung, kann er gegebenenfalls zunächst zur Erstellung eines Gutachtens zwangsweise vorgeführt, nötigenfalls sogar untergebracht werden, bis das Gutachten möglich ist. Sechs Wochen dürfen dafür in der Regel nicht überschritten werden.

Zwangsbegutachtung ist möglich

Beispiel:

Frau Mildred Schley hat Alzheimer. In letzter Zeit ist sie so orientierungslos, dass sie wiederholt auf der Strasse aufgegriffen wurde, oft in einem der Witterung nicht angepassten Bekleidungszustand. Sie achtet nicht auf den Straßenverkehr, kann die Gefahren nicht mehr zutreffend einschätzen. Die zur rechtlichen Betreuerin bestellte Tochter beantragt, die Mutter in einer beschützenden Station eines Altenheimes unterbringen zu dürfen, die sie nicht ohne Begleitung verlassen könnte.

Gesonderte Frist bei Unterbringung

Derartige Fallkonstellationen sind neben der Unterbringung in der Psychiatrie Anlass für die häufigsten Genehmigungsvorgänge bei betreuungsrechtlichen Unterbringungen. Nötig ist eine ärztliche Stellungnahme, eine Anhörung und eine zu befristende Genehmigung des Gerichts. Die Frist darf höchstens zwei Jahre betragen. Diese Kontrollfrist tritt neben die aus dem Betreuungsbeschluss. Mit dem Fristablauf endet die Genehmigungswirkung. Wenn nicht rechtzeitig auf eine Verlängerung hingewirkt worden ist, ist die Betreute mit dem Fristablauf aus der beschützenden Station zu nehmen.

Um die Verlängerung muss sich der Betreuer kümmern. Einige Gerichte fragen von sich aus nach. Auch die Heime haben in der Regel Kontrollprogramme, um sicherzustellen, dass sie nicht an unberechtigten Freiheitsentziehungen beteiligt werden.

Unterbringungsähnliche Maßnahmen

Entziehung der körperlichen Bewegungsfreiheit

Auch die so genannten unterbringungsähnlichen Maßnahmen bedürfen gleichartiger gerichtlicher Genehmigungen. Das gilt aber nur dann, wenn sie die körperliche Bewegungsfreiheit eingrenzen sollen.

Beispiel:

Frau Sieglinde Hahn (91 Jahre) lebt seit Jahren in einer Senioreneinrichtung. Sie ist jetzt so hinfällig geworden, dass sie die meiste Zeit liegt. Aus eigener Kraft kann sie nicht mehr aufstehen und sich auch nicht halten. Bei der Anhörung durch den Richter zieht sie dessen Arm zu sich herab und bittet ihn eindringlich, ihr aufzuhelfen. „Helfen sie mir aus dem Bett, helfen sie mir hier raus."

Abrutschsicherung nicht genehmigungsbedürftig

Im Nebenbett liegt eine Dame, die auf Ansprache nicht reagiert. Sie wird über eine Sonde versorgt. Nach Berichten der Stationsmitarbeiter bewegt sie sich nur ganz selten noch selbst. Sie sei aber schon so weit über die Bettkante gerutscht, dass man nun lieber eine Seitensicherung wolle, um zu verhindern, dass sie zu Boden stürzt.

Für beide ist eine Genehmigung für ein hochstellbares Bettseitengitter beantragt.

Hier kann das grundsätzliche Problem derartiger Sicherungsmittel nicht diskutiert werden. Verdeutlichen soll der Fall: Aus Sicht der Genehmigungstatbestände wird für Frau Hahn eine Genehmigung nötig sein, für die Nachbarin nicht. Es kommt dabei nicht darauf an, ob der Wunsch von Frau Hahn sinnvoll ist, sondern allein darauf, dass er durch Drittentscheidung begrenzt werden soll. Bei der Nachbarin geht es dagegen nicht um eine Entziehung körperlicher Bewegungsfreiheit, sondern nur um einen Schutz vor unwillkürlichen Rutschbewegungen oder Ähnlichem.

Dass es im Übrigen nicht darauf ankommt, dass das alles nur zum Besten der Betroffenen ist, ist oben bereits erörtert. Wenn es das nicht wäre, wäre eine Genehmigung nie zu erwarten.

Verschiedene Sicherungsmittel

Unterbringungsähnliche Sicherungen in diesem Sinn sind Bettgitter, Fixiergurte, Stecktische und ähnliche Behelfe.

Medikamentöse Ruhigstellung

Nach dem Gesetzeswortlaut ist eine medikamentöse Ruhigstellung gleich zu bewerten. Im Alltag ist es aber oft schwierig, zu beurteilen, ob diese Regelung greift. Dazu werden sehr viele unterschiedliche Ansichten vertreten. Manche Gerichte meinen, jede Verschreibung von Haldol falle darunter. Andere weigern sich, sich mit solchen „Kleinigkeiten" zu befassen. Weitere gehen davon aus, dass eine Sedierung mit Medikamenten immer nur als ärztliche Maßnahme bewertet werden kann, gar nicht unter die Bestimmungen über Sicherungsmaßnahmen falle. Was in dem zuständigen Gericht vertreten wird, kann man nur dort erfahren.

Unterbringungsähnliche Maßnahmen sind nach einhelliger Ansicht – trotz des misslungenen Wortlautes – nicht bereits mit einer etwaigen Unterbringungsgenehmigung genehmigt, sondern sie müssen vielmehr gesondert beantragt und genehmigt werden.

Häufig zwei Genehmigungen erforderlich

Wenn der Betroffene zum Beispiel fixiert oder in der Station in seinem Zimmer eingeschlossen werden soll, bedarf es auch bei Vorliegen einer Genehmigung für die geschlossene Unterbringung zusätzlicher Einwilligungen und Genehmigungen. Die bloße Genehmigung der Verbringung in eine geschlossenen Station deckt genau dies nicht mehr.

Dazu hat das Bayrische Oberste Landesgericht ausgeführt: „Als Freiheit der Person wird ... die körperliche Bewegungsfreiheit geschützt. Diese kann kaum stärker entzogen werden, als durch die hier in Rede stehende Sicherung im Bett, eine weit stärker als die bloße Unterbringung in die körperliche Bewegungsfreiheit eingreifende Maßnahme. Eine solche Maßnahme stellt auch dann eine Freiheitsentziehung dar, wenn sie nur verhältnismäßig kurze Zeit andauert. Über ihre Zulässigkeit und Fortdauer muss daher der Richter entscheiden."

4

Stationsart ist unerheblich

Auch bei Bewohnern offener Stationen ist von einer entsprechenden Genehmigungspflicht auszugehen, wenn sie dort eingesetzt werden sollen.

Unterbringungen durch Ordnungsbehörden

Beispiel:

Hannes Borg ist altersdement. Er kann soziale Kontakte nicht mehr zutreffend einschätzen und neigt zu aggres-

siven Ausbrüchen, wenn er sich überfordert sieht. Sein Sohn ist zum rechtlichen Betreuer bestellt (Aufgabenkreis: Vermögenssorge, Gesundheitsfürsorge, Aufenthaltsregelung). Er hat ambulante Hilfe und Essen auf Rädern organisiert, kommt zwei- bis dreimal in der Woche selbst.

Herr Borg fühlt sich von seinem nichtsahnenden Nachbarn bedrängt und ist auf ihn mit einem Küchenmesser losgegangen. Die zu Hilfe gerufenen Polizei hat Herrn Borg nach Anweisung der Ordnungsbehörde dem Gesundheitsamtsarzt vorgeführt und dann in die geschlossene Akutpsychiatrie des Landeskrankenhauses eingeliefert.

Der Sohn erfährt bei einem vergeblichen Hausbesuch, wo sein Vater ist, hört im Landeskrankenhaus, der sei wegen Fremdgefährdung mit einem 6-Wochen-Beschluss durch das Gericht am Sitz des Krankenhauses untergebracht. Er, der Betreuer, solle sich bitte um eine betreuungsrechtliche Genehmigung bemühen. Die ordnungsrechtliche Unterbringung sei nachrangig und solle aufgehoben werden. Der Sohn versteht nicht, was das alles soll. Das Gericht habe die Unterbringung doch schon genehmigt.

Betreuungsrecht neben Ordnungsrecht

Hier treffen zwei ganz verschiedene Regelungskreise aufeinander. Betreuungsrechtliche Unterbringungen dienen dem Interesse des Betreuten und sind in der Regel auf längerfristige Lösungen ausgerichtet. Die ordnungsrechtlichen Unterbringungen haben ihren historischen Kern im Polizeirecht. Sie greifen bei Fremdgefährdung, aber auch bei Eigengefährdung und sind in der Regel auf kurzfristige Lösungen ausgerichtet. Die gerichtliche örtliche Zuständigkeit ist anders geregelt.

Herr Borg hat einen Dritten angegriffen. Die Polizei ist zu dessen Schutz eingeschritten und hat Herrn Borg in Gewahrsam genommen. Damit ist der akuten Gefahr abgeholfen. Das Problem für Herrn Borg und seinen betreuenden Sohn ist damit nicht erledigt. Für Herrn Borg sind die Lebensgrundlagen zu überdenken und gegebenenfalls neu zu strukturieren. Das tun die Polizei und die Ordnungsbehörde nicht für ihn. Darum muss sich sein Sohn als rechtlicher Betreuer kümmern.

Schutz von Dritten

Solche Überschneidungen gibt es oft. Dies Problem stellt sich Betreuern wie Bevollmächtigten. Sie müssen sich dann an das zuständige Betreuungsgericht, also das Vormundschaftsgericht, wenden und dort das Nötige veranlassen, sich im Übrigen weiter selbst kümmern.

Zwangsbehandlungen nach Ordnungsrecht möglich

Während der Unterbringung auf der Grundlage der ordnungsrechtlichen (Landes-) Unterbringungsgesetze kann der Betroffene in der Regel ohne seine Zustimmung (zwangs-)behandelt werden. Operationen dürfen auch hier nur mit seiner Einwilligung oder der Zustimmung des Vertreters durchgeführt werden.

Der Untergebrachte ist stets mit Ablauf der angeordneten Fristen zu entlassen, wenn nicht zuvor eine gerichtliche Verlängerung der konkreten Unterbringungsanordnung erfolgt ist.

Unterbringungen durch Bevollmächtigte

Konkrete Vollmacht des Betroffenen nötig

Mittlerweile ist ausdrücklich geklärt, dass Vollmachten auch für den Unterbringungsbereich erteilt werden können, dass andererseits dadurch eine gerichtliche Mitwirkung nicht entfällt. Der Bevollmächtigte kann solche Entscheidungen nur treffen, wenn sie in der Vollmacht ausdrücklich vorgesehen sind. Ohne Erwähnung muss nötigenfalls eine ergänzende Betreuung eingerichtet werden.

Eine Generalvollmacht, die ausdrücklich „zu allem, was möglich ist" ermächtigt, genügt nicht. Der Vollmachtgeber soll sich mit dem Thema selbst auseinander setzen und der Vollmacht muss entnommen werden können, dass er das ausdrücklich getan hat und für sich bejaht.

Genehmigung wie bei Betreuung

Die Unterbringung oder Sicherung des Betroffenen durch einen Bevollmächtigten, zu dessen Aufgaben dies gehört, ist unter den gleichen Voraussetzungen vormundschaftsgerichtlich genehmigungspflichtig und -fähig wie die Unterbringung durch einen Betreuer (siehe Seite XXX).

Vermögenssorge

Ein zunächst oft erstrebter, in der Folgezeit aber nicht ganz selten ungeliebter Aufgabenkreis ist die „Vermögenssorge".

Das Betreuungsrecht hat die personenbezogenen Angelegenheiten in den Vordergrund gerückt. Die Hilfe zu einem menschenwürdigen Leben soll im Kern der Bemühungen stehen. Das hat nichts daran geändert, dass die Masse der Alltagsgeschäfte vermögensbezogene Aktionen betrifft. Vermögen in diesem Sinn meint nicht nur Aktivwerte, sondern alle finanziell bedeutsamen Vorgänge.

Auch Schulden regeln gehört dazu

Vermögenssorge wird nur zugewiesen, wenn nicht durch Kontenvollmachten oder Vorsorgeregelungen zureichende Rechtsmacht geschaffen worden ist. Wenn das nicht geschehen ist, wird die Handlungsmacht, mit fremdem Geld umgehen zu können, vom Staat über den Betreuungsbeschluss zugewiesen. Daraus folgt zugleich, dass verlangt wird, es wirklich als fremdes Geld zu respektieren und sorgfältig nur für den Betreuten zu verwalten. Es gehört auch während einer Betreuung noch nicht den Erben, auch nicht ein bisschen.

Betreuer erstellt Vermögensverzeichnis

Zu Beginn ist deshalb der Bestand der übernommenen Werte von dem Betreuer in einem Vermögensverzeichnis zu erfassen. Es ist sorgfältig auszufüllen, um späteren Regressstreit zu vermeiden. Bei jeder Folgeabrechnung wird das Vorverzeichnis Ausgangsbasis sein.

Die entsprechenden Angaben sind zu belegen, zunächst durch Kopien. Es empfiehlt sich nicht, ungefragt alle Originalvorgänge beizufügen.

Viele Genehmigungen erforderlich

Alle größeren Geldbewegungen, schon die Annahme von geschuldeten Geldbeträgen, z. B. aus Versicherungen, und insbesondere praktisch alle auf Grundstücke bezogene Geschäfte sind genehmigungsbedürftig. Das Gericht wird dabei jeweils nicht nur wissen wollen, warum gerade dieses Geschäft jetzt so ausgeführt werden soll, sondern auch, warum die behaupteten Werte zutreffen. Das bedeutet zum Beispiel, dass man nicht nur einen Käufer suchen, sondern auch noch belegen muss, dass mit dem erzielten Preis alles erwirtschaftet worden ist, was erzielbar war.

Intensive Kontrolle

Für die Vermögenssorge muss viel Zeit aufgewandt werden und es erfolgt nach wie vor, außer gegenüber nahen Verwandten, eine penible Rückkontrolle, die den Betreuer im Übrigen nicht davon freistellt, sich nach Ende der Betreuung dem Betreuten oder seinem Rechtsnachfolger (noch einmal umfassend) zu verantworten.

Bei der Anlage und Verwaltung des Vermögens ist der Betreuer verpflichtet, sich weitgehend an dieselben Regelungen zu halten wie (fremde) gesetzliche Vertreter Minderjähriger. Das bedeutet, dass Betreuer Anlagen sicher und vermögenserhaltend vorzunehmen haben. Diese Bestimmungen des BGB sind mehr als 100 Jahre alt und stammen somit aus einer Zeit, als es am sichersten galt, lieber nichts als etwas falsch zu bewegen.

Anlagen mit Sperrvermerk

Anlagen müssen grundsätzlich mit einem Sperrvermerk der Bank erfolgen. Das führt dazu, dass nur mit dem Nachweis einer gerichtlichen Genehmigung darüber verfügt werden kann. Das ist wenig konsequent, weil aus der Anordnung der Betreuung ja gerade nicht folgt, dass der Betreute nicht mehr selbst verfügen kann. In der Praxis begnügt man sich mit dem Hinweis darauf, es handele sich ja nur um eine Sicherungsmaßnahme gegen Missbrauch. Das führt allerdings nicht ganz selten dazu, dass Betreute nicht an die eigenen Sparkonten kommen, selbst wenn kein Einwilligungsvorbehalt angeordnet worden ist.

Ausnahmen Im Interesse des Betreuten möglich

Wenn man das nicht will, kann man versuchen, die betreffenden Konten von der Vermögenssorge ausnehmen zu lassen. In der Aufgabenkreiszuweisung wird eine Relativierung angebracht, wenn es gelingt, das Gericht davon zu überzeugen, dass diese Regelung Sinn macht, dem Interesse des Betreuten entspricht und nicht nur dem Wunsch des Betreuers, unkontrolliert mit dem Geld umgehen zu können.

Ausnahmen für eine weitergehende eigene Befreiung werden dagegen in der Regel nicht gewährt werden. Der Betreuer darf die Werte auch nicht auf sich überschreiben, um so der Beleg- und Rechnungslegungspflicht zu entgehen.

Aufwendungsersatz und Vergütung

Die Führung von Vormundschaften, Pflegschaften und Betreuungen erfolgt grundsätzlich unentgeltlich.

Pauschale für Ehrenamtliche

Ehrenamtliche erhalten eine jährliche Pauschalentschädigung von zurzeit 312 Euro. Statt dessen können sie auch etwaige (höhere) Aufwendungen konkret geltend machen, aber nicht beides nebeneinander.

Für die Geltendmachung sind recht kurze Ausschlussfristen festgelegt, die an die Tätigkeitszeiten anknüpfen. Diese Fristen greifen auch dann, wenn man sie nicht kennt. Sie können nicht verlängert werden. Es gibt auch keine Wiedereinsetzungsmöglichkeit.

Konkret abrechenbare Aufwendungen

Zu den abrechenbaren Aufwendungen gehört der Einsatz von Mitteln, die dem Betreuer für die Betreuung entstehen, soweit er sie den Umständen nach für erforderlich halten konnte. Hierzu zählen insbesondere Kosten wie Briefporto, Fotokopierkosten, Telefongebühren und Fahrtkosten zum Besuch des Betreuten oder um auf andere Weise seine Angelegenheiten zu regeln.

Betreuungen werden, wie betont, grundsätzlich unentgeltlich geführt. Hat der Betreute aber Vermögen, kann – nicht: muss – das Gericht eine Vergütung bewilligen.

Bezahlung der Berufsbetreuer abhängig von Qualifikation

Berufsbetreuer erhalten unabhängig vom vorhandenen Vermögen eine Vergütung. Das Berufsvormündervergütungsgesetz geht von einem Basissatz von 18 Euro aus (zzgl. Umsatzsteuer), der auf 23 Euro oder 31 Euro angehoben werden kann, wenn entsprechende durch Ausbildung nachzuweisende Qualifikationen vorliegen.

All diese Beträge hat in der Regel der Betreute zu zahlen. Nur wenn er mittellos ist, ist eine Zahlung der Aufwandspauschale, der aufgewendeten Kosten und der Vergütung aus der Staatskasse (also aus dem Justizhaushalt des jeweiligen Bundeslandes) vorgesehen.

Ob Mittellosigkeit vorliegt, wird nach denselben Vorschriften bestimmt wie im Sozialhilferecht.

Beispiel:

Rechtliche Betreuung ist teuer

Frau Anselm hat 15.000 Euro gespart. Sie erhält wegen einer psychischen Erkrankung eine rechtliche Betreuerin. Bestellt wird eine Berufsbetreuerin, weil die Angehörigen von Frau Anselm „ausgebrannt" und nicht mehr in der Lage sind, sich mit ihr in ihrer Krankheit auseinander zu setzen.

Frau Anselm kommt in eine Klinik und ihr wird empfohlen, sich auf betreutes Wohnen einzulassen. Die Kostenträgerklärung durch die Berufsbetreuerin ist aufwendig.

Frau Anselm erhält sechs Monate nach Beginn der Betreuung eine Rechnung der Betreuerin. Dort sind mehr als 100 Stunden Arbeit aufgelistet; Frau Anselm soll 3.800 Euro für diese ersten sechs Monate bezahlen.

Am Tag des Zugangs der Rechnung erleidet sie einen Rückfall, verlangt seitdem dringend, von der Betreuung befreit zu werden. Sie könne sich das nicht leisten.

Schonvermögen

Das Schonvermögen liegt ohne besondere Begleitumstände derzeit bei 2.301 Euro, wenn Frau Anselm 60 Jahre oder älter ist. Sie sieht also zu Recht die Gefahr auf sich zukommen, in zwei bis drei Jahren mittellos zu sein, weil sie die rechtliche Hilfe selbst finanzieren muss.

Hier wird das Dilemma der rechtlichen Betreuung für eine Einzelperson deutlich. Sie ist teuer, für die betroffenen Einzelnen wie für den Staat. Die Bundesländer geben über ihre Justizhaushalte derzeit jährlich fast eine halbe Milliarde Euro allein für die Betreuer aus, für die Pauschale der Ehrenamtlichen wie für die Berufsbetreuer, mit ständig steigender Tendenz. Dazu kommen die Beträge, die von den Betroffenen selbst aufgebracht werden, sowie alle weiteren Kosten für Gutachter usw. Die Gerichts- wie Gerichtspersonalkosten sind dabei noch nicht berücksichtigt.

Grenzen bei der Abrechnung

Bisher hat man versucht, damit zu helfen, dass man die inhaltlichen Grenzen der rechtlichen Betreuung betont hat. Bezahlt wird nur, was in den zugewiesenen Aufgabenkreisen zu einer „rechtlichen" Betreuung erforderlich ist. Eine rein tatsächliche Betreuung, die eigene Pflege oder sonstige unmittelbare Hilfsmaßnahmen werden nicht vergütet. Wie hilflos die Abgrenzungsversuche in dieser Richtung letztlich sind, zeigt die neuere Rechtsprechung, die versucht, mit anderen Begriffen zu helfen. Nicht vergütbar seien „rein karitative Handlungen". Mit dieser Begründung sind dann die Vergütungszeiten häufiger Besuche von jeweils 80 auf 60 Minuten verkürzt worden.

Aus dieser Situation ist ein erheblicher Reformdruck entstanden. Ob und wie der aufgelöst wird, ist derzeit offen. Sicher ist wohl nur, dass die Beteiligten nicht mehr und kaum günstigere Leistungen werden erwarten können.

Beendigung von Betreuungen

Änderungsentscheidungen

Betreuungsbeschlüsse sind grundsätzlich jederzeit änderbar. Die in ihnen genannten Fristen bedeuten jeweils nur, dass die Wirkung spätestens dann endet oder eine Überprüfung erforderlich wird. Ergeben sich vorher neue Aspekte, ist das durch eine frühere Änderung zu berücksichtigen.

War die Betreuung konkret befristet oder wird nicht verlängert, sondern aufgehoben oder stirbt der Betreute, endet die Betreuung. Nicht dagegen bei Tod des Betreuers. In letzterem Fall muss nur ein neuer bestellt werden.

Bei Beendigung der Betreuung durch den Tod des Betreuten gehört die Totenfürsorge nicht zu den Aufgaben des Betreuers, wird allerdings oft als abschließende Maßnahme mit erledigt. Sie steht im Übrigen nicht den Erben, sondern den nächsten Angehörigen zu.

Verpflichtung des Betreuers zur Herausgabe von Unterlagen

Die Unterlagen des Betreuten sind bei Beendigung herauszugeben, die eigenen Unterlagen des Betreuers nicht. Deshalb empfiehlt es sich, die die Betreuten betreffenden Unterlagen von den Handakten des Betreuers getrennt zu halten.

Kontounterlagen und Kontoauszüge gehören dem Betreuten bzw. dem Rechtsnachfolger. Der Betreuer kann sie nicht zurückbehalten, auch wenn er befürchtet, bei Folgeauseinandersetzungen nicht belegen zu können, wie er abgewickelt hat. Auch der gesamte Schriftverkehr, den der Betreuer „im Namen" des Betreuten geführt hat, ist Schriftverkehr des Betreuten, nicht des Vertreters.

Unterlagen des Betreuers sind nur die, die ausschließlich und unmittelbar ihn selbst betreffen, wie sein Bestellungsbeschluss, der Schriftverkehr des Gerichts mit ihm zum Beispiel zu seiner Vergütung aus der Staatskasse, Berichtsanforderungen, Mahnungen.

Schlussabrechnung

Bei dieser Schlussabwicklung wird die doppelte Bindung des Betreuers noch einmal besonders deutlich. Er muss einen Schlussbericht und eine Schlussabrechnung bei dem Gericht abliefern. Das prüft diese Erklärungen. Damit hat der Betreuer aber das, was er in der Betreuung für den Betreuten erhalten und verwaltet hat, noch nicht zurückgegeben. Das nimmt ihm das Gericht auch nicht ab. Er muss dies bei dem Betreuten oder dessen Vertreter oder Rechtsnachfolger abliefern. Dabei muss er sich auch erneut und abschließend rechtfertigen und zwar unabhängig davon, ob das Gericht Beanstandungen erhoben hat oder nicht. Der Hinweis darauf, das Vormundschaftsgericht habe noch alles akzeptiert, wird in dieser Beziehung nicht akzeptiert.

Rechenschaft gegenüber dem Betreuten

Wenn es Streit darüber gibt, ob er ordnungsgemäßt tätig geworden ist, wird der Betreuer von dem Betreuten oder Rechtsnachfolger zur Rechenschaft gezogen, nicht vom Gericht. Die können sich in erster Linie auch nur an ihn, nicht an das Gericht oder den Staat halten. Der Betreuer war Vertreter des Betreuten. Der Staat hat mit seiner Kontrolle versucht, zu verhindern, dass er diese Funktion nicht missbrauchte.

Adressen der Verbraucherzentralen

Verbraucherzentrale
Baden-Württemberg e. V.
Paulinenstraße 47
70178 Stuttgart
Telefon 07 11/66 91-10
Telefax 07 11/66 91-50
www.verbraucherzentrale-bawue.de

Verbraucherzentrale
Bayern e. V.
Mozartstraße 9
80336 München
Telefon 0 89/53 98 70
Telefax 0 89/53 75 53
www.verbraucherzentrale-bayern.de

Verbraucherzentrale
Berlin e. V.
Bayreuther Straße 40
10787 Berlin
Telefon 0 30/2 14 85-0
Telefax 0 30/2 11 72-01
www.verbraucherzentrale-berlin.de

Verbraucher-Zentrale
Brandenburg e. V.
Templiner Straße 21
14473 Potsdam
Telefon 03 31/2 98 71-0
Telefax 03 31/2 98 71-77
www.vzb.de

Verbraucherzentrale
des Landes Bremen e. V.
Altenweg 4
28195 Bremen
Telefon 04 21/16 07 77
Telefax 04 21/1 60 77 80
www.verbraucherzentrale-bremen.de

Verbraucher-Zentrale
Hamburg e. V.
Kirchenallee 22
20099 Hamburg
Telefon 0 40/2 48 32-0
Telefax 0 40/2 48 32-290
www.vzhh.de

Verbraucher-Zentrale
Hessen e. V.
Große Friedberger Straße 13-17
60313 Frankfurt
Telefon 0 69/97 20 10-0
Telefax 0 69/97 20 10-50
www.verbraucher.de

Verbraucherzentrale
Mecklenburg-Vorpommern e. V.
Strandstraße 98
18055 Rostock
Telefon 03 81/4 93 98-0
Telefax 03 81/4 93 98-30
wwvv.verbraucherzentrale-mv.de

Verbraucher-Zentrale
Niedersachsen e. V.
Herrenstraße 14
30159 Hannover
Telefon 05 11/9 11 96-0
Telefax 05 11/9 11 96-10
www.vzniedersachsen.de

Verbraucher-Zentrale
Nordrhein-Westfalen e. V.
Mintropstraße 27
40215 Düsseldorf
Telefon 02 11/38 09-0
Telefax 02 11/38 09-172
www.verbraucherzentrale-nrw.de

Verbraucherzentrale
Rheinland-Pfalz e. V.
Ludwigstraße 6
55116 Mainz
Telefon 0 61 31/28 48-0
Telefax 0 61 31/28 48-66
www.verbraucherzentrale-rlp.de

Verbraucherzentrale
des Saarlandes e. V.
Hohenzollernstraße 11
66117 Saarbrücken
Telefon 06 81/5 00 89-0
Telefax 06 81/5 88 09-22
www.vz-saar.de

Verbraucher-Zentrale
Sachsen e. V.
Bernhardstraße 7
04315 Leipzig
Telefon 03 41/6 88 80 80
Telefax 03 41/6 89 28 26
www.vzs.de

Verbraucherzentrale
Sachsen-Anhalt e. V.
Steinbockgasse 1
06108 Halle
Telefon 03 45/2 98 03-29
Telefax 03 45/2 98 03-26
www.vzsa.de

Verbraucherzentrale
Schleswig-Holstein e. V.
Bergstraße 24
24103 Kiel
Telefon 04 31/5 90 99-0
Telefax 04 31/5 90 99 77
www.verbraucherzentrale-sh.de

Verbraucher-Zentrale
Thüringen e. V.
Eugen-Richter-Straße 45
99085 Erfurt
Telefon 03 61/5 55 14-0
Telefax 03 61/5 55 14-40
www.vzth.de

Arbeitskreis Organspende
Postfach 1562
63235 Neu-Isenburg
Telefon 0 61 02/35 96 33
Infotelefon Organspende:
08 00/9 04 04 00
(Mo – Fr, 9 bis18 Uhr)
www.akos.de

Bundesärztekammer
Herbert-Lewin-Straße 1
50931 Köln
Telefon 02 21/40 04-0
www.bundesaerztekammer.de

Bundesnotarkammer
Mohrenstraße 34
10117 Berlin
Telefon 0 30/38 38 66-0
Telefax 0 30/ 38 38 66-6
www.bnotk.de

Bundeszentrale für Gesundheitliche Aufklärung (BZgA)
Ostmerkheimer Straße 200
51109 Köln
(Materialbestellung: BZgA, 51101 Köln)
Telefon 02 21/89 92-0
Telefax 02 21/89 92-3 00
www.bzga.de

Deutsche Alzheimer Gesellschaft e. V.
Friedrichstraße 236
10969 Berlin
Telefon 0 30/25 93 79 50
Beratungshotline: 0 18 03/17 10 17 (0,09 EUR/Min)
www.deutsche-alzheimer.de

Deutsche Hospiz Stiftung
Im Defdahl 5-10
44141 Dortmund
Telefon 02 31/7 38 07 30
Telefax 02 31/7 38 07 31
www.hospiz.de

Deutsches Rotes Kreuz (DRK) – Zentralarchiv
DRK-Ortsverein Mainz
Altenauergasse 1
55116 Mainz
Telefon 0 61 31/22 11 17
(Mo – Mi, 9 bis 12 Uhr)
www.drk-mainz.org/zentralarchiv/Zentralarchiv.htm

Humanistischer Verband Deutschlands
Abt. Patientenverfügung
(Bundeszentralstelle)
Wallstraße 65
10179 Berlin
Telefon 0 30/61 39 04 11
(Mo, Di, Do, Fr, 10 bis 17 Uhr)
Telefax 0 30/61 39 04 36
www.patientenverfuegung.de

A

B

E

F

R

S

T

U

V

W

Z

Hier können wir Ihnen nur eine kleine Auswahl unseres Ratgeberprogramms vorstellen. Auf Wunsch senden wir Ihnen gerne die Gesamtübersicht aller Publikationen zu.

Unsere Ratgeber können Sie in den Beratungsstellen der Verbraucherzentralen kaufen oder bei den Herausgebern (siehe Impressum) bestellen. Bitte schicken Sie weder Geld noch Briefmarken. Sie erhalten mit der Lieferung eine Rechnung. Zu den genannten Preisen (Stand: Juni 2003) kommen noch Porto und Versandkosten.

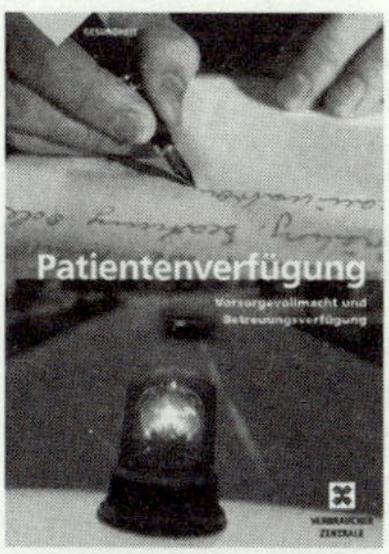

Patientenverfügung, Vorsorgevollmacht und Betreuungsverfügung

Wer soll in Ihrem Namen Entscheidungen treffen, wenn Sie dies wegen Unfall, Krankheit oder Alter selbst nicht mehr können? Welche medizinische Behandlung wünschen Sie in solchen Fällen? Dieser Ratgeber informiert über bestehende Vorsorgemöglichkeiten. Mit Fragenkatalog, Bausteinen und Beispielen als Formulierungshilfe.

86 Seiten .... **4,80 €**
1. Auflage 2003

Was tun, wenn jemand stirbt?

„Plötzlich und unerwartet" steht man beim Tod eines Angehörigen vor Problemen, die kurzfristig bewältigt werden müssen. Wir erläutern die verschiedenen Formen der Bestattung, die Kosten für Grab und Bestattungsunternehmer sowie Formalitäten, die zu erledigen sind. Sie erfahren auch, was nach der Beerdigung noch zu tun bleibt.

114 Seiten .... **5,80 €**
14. Auflage 2003

Pflegefall – was tun?

Ob ein Mensch von Geburt an pflegebedürftig ist oder im Lauf seines Lebens wird – die Betroffenen stehen vor vielfältigen Problemen. Unser Ratgeber informiert Sie über Ihre Rechte und Möglichkeiten, Unterstützung und Hilfestellung zu bekommen.

277 Seiten .... **9,80 €**
4. Auflage 2003

Pflegegutachten + Pflegetagebuch

Das Gutachten vom Medizinischen Dienst der Krankenversicherung (MDK) ist Voraussetzung für Leistungen der Pflegekasse. Wie bereitet man den Besuch des MDK vor? Wie läuft die Begutachtung ab? Wie legt der MDK die Pflegestufe fest? Der Ratgeber zeigt auch, wie Widerspruch gegen die Entscheidung eingelegt werden kann.
Mit dem zusätzlichen Pflegetagebuch können alle Verrichtungen des MDK dokumentiert werden. Zur Vorlage beim Arzt und/oder den Pflegefachkräften des MDK geeignet.

72 + 32 Seiten .... beide Ratgeber zusammen 4,80 €
3. Auflage 2002

Pflegende Angehörige

Die Pflege eines hilfebedürftigen Menschen führt zu unzähligen Veränderungen im Leben des Pflegenden. Jede Pflegesituation ist einzigartig. Und doch gibt es viele Gemeinsamkeiten. Der Ratgeber soll einen Einblick verschaffen, was auf die Pflegenden zukommt, und aufzeigen, wie und wo sie sich bei ihrer Aufgabe entlasten können.

158 Seiten .... 7,80 €
1. Auflage 2002

Private Altersvorsorge

Niemand kann sich mehr allein auf die gesetzliche Rentenversicherung verlassen. Wir erläutern, wie die Riester-Rente funktioniert, und zeigen Vorsorgestrategien: für die Lebensabschnitte bis 40 und 50 Jahre, bis zum Rentenbeginn – für risikofreudige und sicherheitsorientierte Anleger. Außerdem finden Sie Informationen über Vorsorgeprodukte, z. B. Sparanlagen, Aktien, Investmentfonds, Versicherungen, Immobilien.

208 Seiten .... 9,80 €
3. Auflage 2003

Durchblick: Älter werden – zufrieden und sicher

Entspannt älter werden – das ist möglich! Unser „Durchblick" richtet sich an Menschen, die ihr Leben in dieser Phase aktiv gestalten möchten: Ihre Fragen z. B. im Hinblick auf Ernährung, Fitness und Gesundheit, Sexualität, Wohnen und Arbeiten beantwortet dieser Reader.

95 Seiten .... 4,80 €
1. Auflage 2002